あなたが希望です

朴慶南《パク・キョンナム》

まえがき

この本を手に取ってくださって、ありがとうございます。はじめに本の内容について、少しふれさせてください。

三章に分かれていますが、第一章はサハリンの旅からはじまります。旅のガイドをしてくれたのは、朝鮮半島をルーツにもつサハリン在住の女性でした。ガイドをする中で、時折、ふと出てくる彼女自身の話が、私の心に強く響きました。

「伝えたい」と思いました。その女性が経てきた道のりに、驚きと感銘を受けたからです。そしてその道のりが、生まれて育った地は別々なのに、私自身ともつながっているのを実感しました。

一人ひとり、だれにでも人生の物語があります。それぞれ千差万別で、同じものは一つとしてありません。しかし、その背景となる歴史は、時の流れや大地の広がりの中で、みんなつながり合っているのを感じます。そのつながりを見つけることは、きっと自らの人生を、深く豊かなものにするにちがいありません。

実際に訪れてみれば、思いのほか近かったサハリンですが、それまでは私にとって遠い地でした。地理的な意味だけではなく、書物や新聞記事などで目にする程度で、特に深く関心を寄せていたわけではなかったのです。

それが、サハリンに生きる人と出会ったことによって、身近に感じられる所となりました。同時に、歴史の一端を知ることができました。過去をさかのぼり、いまにつづく歴史をたどっていくことで、現在が見えてきます。

戦後七十年を迎えた日本ですが、現在に至るまで、どんな道を歩んできたのでしょうか。

真っ直ぐ進んでいたはずが、いつしか徐々に曲がりはじめ、いまや進んできた方向を大きく変えようとしているように思えます。戦前へと逆走させないためにも、かつての歴史をしっかりと省みることの大切さを痛感します。

サハリンをめぐる日本の負の歴史。私たちが、決して見落としてはいけないことだと思いました。その事実を見つめ、教訓としなければ、これからも負の歴史が繰り返されることでしょう。

「歴史に学ぶとは、負の歴史に正面から対面することであり、同時に、先人たちの営みから希望を引き出すことでもある」

憲法学者の樋口陽一先生が、ある集会で語られた言葉です。かみしめたくなる内容で、とても印象に残りました。私たちが歴史を学ぶことの大切さとその意味を、あらためて考えたいと思いました。「希望を引き出す」というところに、特に共感をおぼえます。

本文中に紹介していますが、ガイドをしてくれたサハリン在住の女性、文花《ムンファ》春《チュン》さんと、日本で出会ったサハリンからの引き揚げ者である李《イ》羲《ヒ》八《パル》さんの生きてこられた姿に、希望を引き出させてもらったように思えます。

第二章では、作家の宮本百合子が著《あらわ》した作品とその生き方をとおして、いま、私たちが時代や社会にどう向き合い、何を求めていけばいいのかをテーマにしました。

宮本百合子は、代表作「貧しき人々の群」でデビューして以来、多くの優れたプロレタリア文学作品を残しています。戦争中、幾度となく検挙されたり、執筆禁止を強いられたりしながらも、信念を曲げることなく、文学活動をつづけました。

戦争反対を表すことが命がけだった暗黒の時代に、その信念を貫きとおした宮本百合子に力づけられます。また、社会的に弱い立場に置かれた人たちにそそがれる眼差しにも、共鳴させられました。

何より心を動かされたのは、敗戦直後の日本で、解放された母国へと向かう朝鮮人たちへ寄せる、熱く温かい心情です。国や民族を超えて、ともによりよい未来を築いていこうという、宮本百合子の開かれた感性と真っ直ぐな思いが伝わってきました。

宮本百合子という一人の作家をとおして、平和を求める私たちが広くつながり合うための希望を、引き出してもらった感じがします。

最後の第三章は、宮本百合子を私に教えてくれた従姉・金弘子《キムホンジャ》の物語です。従姉の十八年にわたる愛を描きました。

高校時代に従姉がめぐり合った純愛に、私はずっと心打たれていました。いつか文章にしたいと願っていたのですが、とうとうそれを実現させることができました。

今回、文章をまとめるに際して、従姉から多くの話を聞きました。彼女の詳しい生い立ちについて、初めて耳にすることばかりでした。一人の在日朝鮮人少女の成長記であり、大勢の在日朝鮮人の生活史とも言えそうです。

従姉の弟は、私にとって従弟ですが、韓国留学中に逮捕され、獄につながれるという事件に見舞われます。当時、韓国は軍事独裁政権下にありました。

南北に分断され、いまだ休戦状態にある朝鮮半島を母国とする在日の私たちは、政治的緊張からつねに逃れることができません。韓国の過酷な現代史を背景に、従姉一家を襲った従弟の事件にもふれています。

そんな中で、従姉の金弘子と教師だった浅井治《あさいおさむ》さんは、十八年の愛を実らせて結婚します。お互いを唯一無二の存在とし、深い愛情と信頼感で結ばれた二人から、希望が伝わってきました。

まえがきが随分長くなってしまいました。それではどうぞ、本編をお読みください。それぞれの話のどこかで、希望を引き出していただけたら、何よりの幸せです。

あなたが希望です＊目　次

Ⅱ

Ⅲ　十八年の愛に、希望をつなぐ　133

I

サハリンの旅から、歴史をつなぐ

北海道の千歳空港を離陸した飛行機は、またたく間に宗谷海峡を越えて、わずか一時間余りでサハリンのユジノサハリンスク空港に着陸しました。

「こんなに近かったんだ」

はじめてサハリンの地を踏んだとき、あまりの距離の近さに、驚きと感慨をおぼえました。

二十数年前、日本を発ち、はじめて韓国の空港に降り立ったときも、やはり同じような実感を抱いたのを思い出します。

日本列島にそれぞれ隣接しているサハリンと韓国ですが、日本で生まれ育った私にとって、両親の故郷である韓国までの道のりは遠かったのです。

サハリンもまた、多くの韓国（朝鮮）人にとって、長い間、母国につながる道が閉ざされていた地でした。

かつて樺太《からふと》とよばれていたサハリンを、いつか訪れてみたいと思っていました。その思いをかなえることができたのは、ある旅行会社が企画したサハリンをめぐるツアーに、私も同行者として参加することになったからでした。

猛暑の日本と違い、八月のサハリンはさわやかな気候で、湿気のないひんやりとした風が心地よく体を吹きぬけていきます。空港からバスに乗り、車窓を眺めながら宿泊先のホテルをめざしました。

道路上を走っている車の群れは、どれも見慣れた日本製ばかり。日本とサハリンの関わりと距離の近さを、あらためて感じさせられます。

二十分ほどで着いたホテルの名称は、人類初の宇宙飛行士、ガガーリンの名前が用いられていました。ガガーリンが語った、「地球は青かった」という有名な言葉が浮かびます。当時の国名、ソ連が連想されました。一九九一年のソビエト連邦の解体により、現在の国名はロシアになっていることを、頭のなかで再確認しました。

サハリンの旅——訪問・紹介地

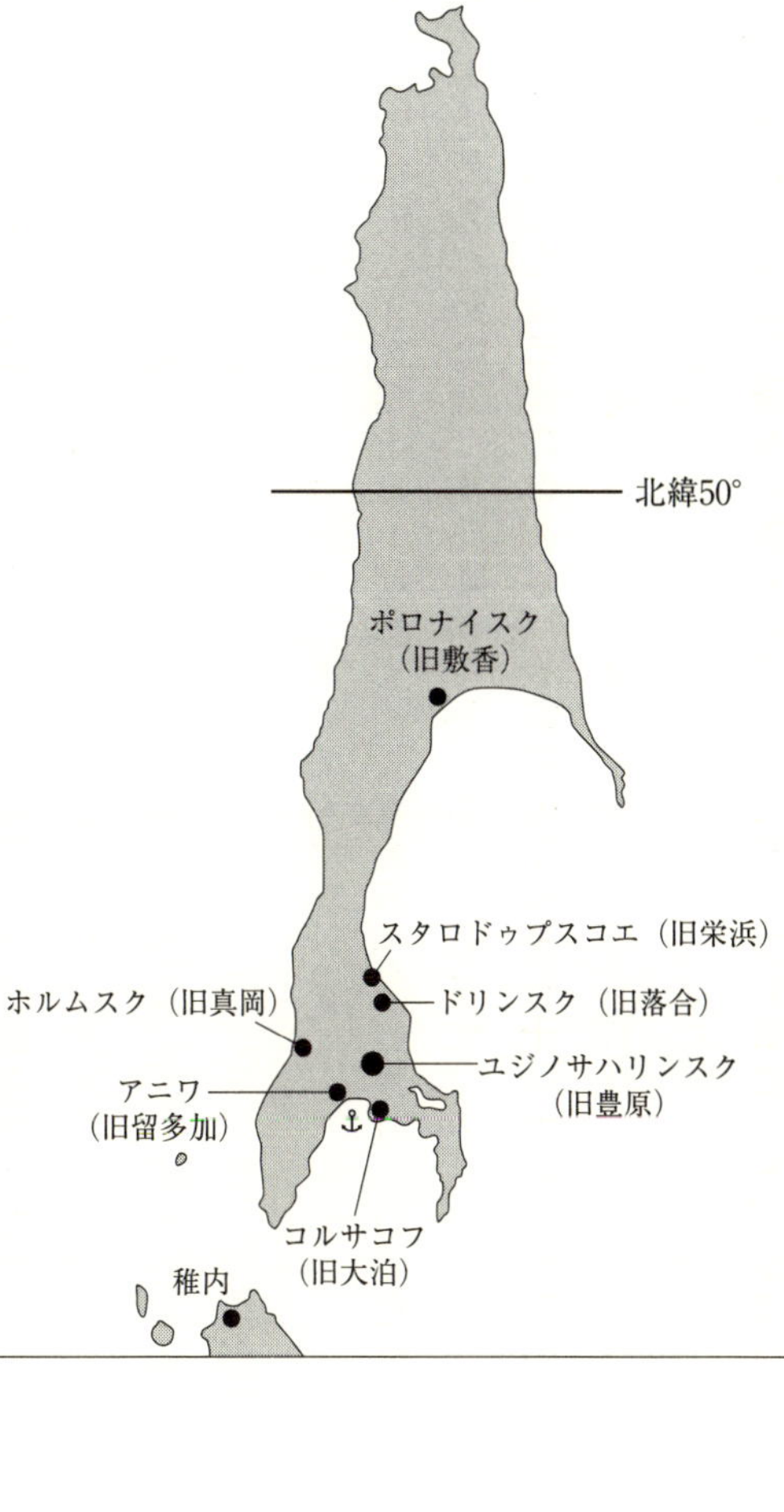

ホテルの正面を入ると、ロビーに置かれていた新聞に、たちまち目が引き寄せられました。ロシア語のものと並んで、ハングル文字の新聞があったからです。その文字から伝わってきたのは、サハリンに住む朝鮮民族の存在でした。サハリンの旅のガイドも、文花春《ムンファチュン》さんという朝鮮半島がルーツの女性です。韓国のアジュモニ（おばさん）といった大らかな文さんの雰囲気に、ここがロシア領サハリンであることを一瞬忘れそうになります。

ホテルの前には広大なガガーリン記念文化公園があり、その道沿いに舞台が設けられ、多くの人々が陽気に歌や踊りを楽しんでいました。

週末の賑わいに包まれて、散歩している家族連れやカップルたちの姿も目立ちます。そんなサハリン市民の中には、東洋系の顔立ちをした人たちが少なくありません。

サハリンには百十八もの民族が共生していると言われますが、そこには、さまざまな地理的、歴史的な背景があることでしょう。東洋系の人たちを見ると、朝鮮半島とのつながりがあるような気がして、どこか親近感がわいてきます。

日本人ももちろんいるはずですが、その数は現在、わずか二百人余りといいます。サハリンの人口約五十数万人のうち、民族として約四十万人のロシア人の次に多いのが、二万数千人にのぼる朝鮮人です。

ユジノサハリンスクは、ロシア連邦の州の一つであるサハリン州の州都ですが、ここはかつて豊原《とよはら》と名付けられていました。サハリンが樺太（南樺太）とよばれ、日本の領土だった時代のことです。当時、実に三十八万人もの日本人が暮らしていたといいます。

この地に、一体どんな歴史があったのでしょう。どうしてこんなにたくさんの朝鮮人が、母国から遠く離れた地に住むことになったのでしょうか。サハリンをめぐる近現代史をたどってみます。

サハリンの歴史を知る

面積は北海道よりやや小さく、南北に細長いサハリンは、もともと南部にアイヌ、中部にウィルタ、北部にニヴヒといった北方先住民族が住む辺境の島でした。

漁業や林業、石油、石炭、天然ガスなど自然界の豊富な資源に恵まれており、一八〇〇年代の初めごろから、日本とロシアは自国の領土にしたいと、サハリンに足を踏み入れるようになったのです。

江戸時代末期の一八五五年、日本とロシアは日露和親条約を結び、島を共同管理することになります。その後、一八七五年に結ばれた樺太・千島交換条約によって、樺太(サハリン)全島がロシア領に、千島列島全体が日本領となりました。

それにしても、本来の島の住人である先住民にとっては、自分たちの暮らしていたところへ勝手に押し入ってきて「領土」とし、一方的に支配するロシアや日本は侵略者そのものだったにちがいありません。

サハリンはロシアの囚人の流刑地にもなりました。一八九〇年、作家のチェーホフはこの地を訪れてその実態を調査し、報告記『サハリン島』を著したといいます。今回の旅では、ユジノサハリンスクにあるチェーホフ記念文学館を見学しましたが、展示されていた流刑囚の資料に、サハリンの歴史の一端を知ることができました。

チェーホフの訪問から十四年後の一九〇四年、ロシアと日本は朝鮮と中国東北部（旧満州）の支配をめぐって、日露戦争を引き起こします。

翌一九〇五年、戦争は日本の勝利に終わり、その後締結されたポーツマス条約により、北緯五十度線を境に北半分（北樺太、北サハリン）をロシア、南半分（南樺太、南サハリン）を日本が領有することになりました。

日本は領有地となった南サハリンに樺太庁を設け、豊原（現在のユジノサハリンスク）とよばれる都市を中心に町並みを広げていきました。その跡地は、いまも多く残されたままです。

それから四十年後、太平洋戦争の敗戦を目前とした一九四五年八月八日、日本に宣戦布告したソ連軍は、翌九日、南樺太に攻め入りました。国境を接している中国東北部、朝鮮半島北部でも、同じようにソ連軍が侵攻しましたが、南樺太もたちまち戦火に巻き込まれました。

「樺太の戦い」と名付けられた日本軍とソ連軍の戦闘が始まり、「内地」の樺太で、最後の地上戦が繰り広げられたのです。ソ連の爆撃機による空襲は激しさを増し、犠牲となった民間人は四千人に達するのではないかと言われています。停戦命令が出されたのは、二十二日のことでした。

敗戦後、日本はサンフランシスコ講和条約で南樺太の領有権を放棄し、樺太全体がソ連領となりました。ソ連解体後はロシア連邦を構成するサハリン州となり、現在に至っています。

サハリンにおいて「日本時代」とよばれている四十年間、その痕跡はかつての南樺太のあらゆる場所に残っており、ツアーでは、それらをめぐるコースが立てられていました。

「南樺太」の跡地をめぐって

市民の憩いの場となっているガガーリン公園は旧豊原公園で、王子ケ池とよばれた貯水池が中央にあり、池の由来が記された石碑も残っていました。ユジノサハリンスク（旧豊原）は札幌に似せて碁盤目《ごばんめ》状に道が通り、日本時代の建造物が、いたるところに名称を変えて点在しています。当時をもっとも象徴している樺太庁博物館は、サハリン州立郷土博物館になっていました。城を模したような日本的な景観が目を引きます。

入口の扉には菊の紋章が付けられ、北緯五十度線の日露国境に置かれていたという標石も展示されていました。大日本帝国という文字とともに、大きな菊の紋が彫り込まれています。中庭には日本の大砲や戦車も置かれ、時代が逆回しされていくような感がありました。

外から眺めるだけでしたが、堅固なコンクリート造りで、クラシックな外観の旧北海道拓殖銀行豊原支店は、サハリン州立美術館に変わっていました。美術館前の広場に、チェーホフ像が建っていたのが印象的でした。

バスの車窓からは、ビジネスセンターとなっていた旧豊原町役場や、いまもそのまま使われている刑務所なども見ることができました。

大きく変容を遂《と》げていたのは、一九一一年に造られたという樺太神社跡です。現在は旧参道もなくなり、本殿跡近くには洋館が建ち、かつての宝物殿といわれる校倉《あぜくら》造りの建物がわずかに名残を残しているだけでした。

少し町から外れた共同墓地も、旅のコースに組み込まれていました。この地で亡くなった日本人を追悼した「日本人死没者合同墓碑」をお参りすることが目的でした。墓碑に、旅の参加者たちと手を合わせました。

緑に囲まれた墓地には、ロシア式なのか、故人の肖像写真を墓石に刻んだ、サハリンの市民の墓が並んでいます。その中には、朝鮮人（韓国人）と思《おぼ》しき墓も多くて、思わず立ち止まりました。

肖像写真はなく、ただパクやキム……と記された民族名を目にすると、どんな歴史や人生を背負っていまこの地で眠っているのだろうかと、想像力を働かせるばかりでした。ユジノサハリンスク市内をめぐりながら、胸が痛くなった場所です。

旅は次に、ユジノサハリンスクを北上して、スタロドゥプスコエへと向かいました。日本統治時代は栄浜《さかえはま》とよばれ、一九一一年には大泊《おおどまり》（現コルサコフ）との間に鉄道が通り、漁港として大いに賑わったところです。

現在、サハリンの南の玄関口コルサコフと北海道の稚内はフェリーで結ばれていますが、一九二三年の夏、宮沢賢治はその数カ月前に開かれたばかりの航路で、稚内から大泊に渡ったといいます。

岩手県の花巻から、夜汽車と船を乗り継いでの旅でした。大泊にたどり着いた宮沢賢治は、鉄道に乗り換えて終着駅の栄浜を訪れました。当時、栄浜は鉄道で行くことのできる、南樺太の最北端の地だったのです。

宮沢賢治は最愛の妹のトシを前年に亡くし、トシの魂を追うかのごとく、最果ての地をめざしたと言われています。賢治は、この地で一体どんな風景を目にしたのだろうかと、思いをはせました。

かつての栄浜の駅や線路は、いまはもう見ることができません。その名残のように朽《く》ちた枕木がわずかに残っているだけで、風が吹きわたる草地には、薄紅色のハマナスの花が咲き乱れていました。

スタロドゥプスコエはオホーツク海沿岸にあり、ハマナスが群生する海岸が長くつづいています。この海岸を歩いたという宮沢賢治は、「オホーツク挽歌」という詩に、そのときの情景を描いています。

有名な「銀河鉄道の夜」も、この樺太紀行がもとになって書き上げられたといいますが、作中に登場する「白鳥の停車場」は、海岸近くにある白鳥湖からイメージをふくらませたのではと想像しました。

宮沢賢治にゆかりの地を離れ、ホルムスクに入りました。間宮海峡が眼前に広がります。西海岸の港町で、サハリン第二の都市です。日本時代は真岡《まおか》（現ホルムスク）とよばれていました。

高い煙突がそびえる旧王子製紙の工場が、バスから遠くに見えます。樺太の豊かな森林資源を目的として、いくつもの製紙工場が建設されたそうですが、廃墟と化した工場群からは、往時のかすかな面影が伝わってきました。

一九四五年八月九日、ソ連軍が南樺太に侵攻したとき、真岡も激しい攻撃にさらされました。真岡郵便局の九人の女性電話交換手たちは、最後まで仕事をつづけたのち、自ら命を絶ったといいます。

戦闘がすべて終わったのは八月二十八日のことでした。旧真岡郵便局の跡地をバスで通り抜けましたが、繁華街の道路に面した建物に、当時を偲《しの》ぶものは何も残っていませんでした。

ホルムスクからコルサコフへと移動し、コルサコフでは日本時代の資料が多い郷土博物館や、チェーホフ文学記念館を見学しました。時を刻み込んだような旧拓銀大泊支店も、外観を目にとどめました。

高台に上がると、はるか彼方に海が広がり、湾沿いに船が停泊するコルサコフ港が見渡せました。かつて、どれほど多くの人たちが宗谷海峡を渡ってこの港にたどり着き、樺太とよばれていたサハリンの地を踏んだことでしょうか。

コルサコフを最後に旅の行程をすべて終え、ユジノサハリンスク空港を発《た》って日本への帰途につきました。機上から下を見たとき、海はたちまち視界から消え、広大な緑の大地が延々とつづきます。気がつくと、はや北海道の空の上でした。

サハリンを訪れ、実際にめぐったことによって、四十年にわたった日本時代の痕跡や、ロシア領の現在の姿を間近に実感することができました。「実感する」というのは、旅がもつ大きな魅力の一つと言えます。

また、その地で暮らす人たちとふれあうことも、何よりの旅の楽しみであり、その実りをいっそう豊かなものにするにちがいありません。

私にとって、旅のガイドの文花春さんと知り合えたことは大きな収穫でした。歴史の本やガイドブック、伝聞などで得た知識や情報ではなく、ひとりの人間をとおして、まさに生きた歴史が深く伝わってきたように思えます。

ガイドをしながら、時折、文花春さんが語られたご自身の話には、サハリンでの朝鮮人の歴史が塗り込められていて、心が強く揺さぶられました。

あらためて文花春さんからお話をうかがうことができました。以下にそれを紹介します。

文花春さん一家の歴史

文花春さんの父である文鳳玉《ムンポンオク》さんは、一九〇三年、韓国（当時は大韓帝国）

全羅北道《チョルラプクド》の南原《ナムウオン》郡で、五人きょうだいの二男として生を受けました。

日本による植民地支配がはじまったのは鳳玉さんが七歳のときでした。お父さんを早くに亡くして、貧しく苦しい生活のなか、十二歳から他家の下働き仕事をしていたといいます。

一九二一年、十八歳のとき、鳳玉さんは日本へ渡り、北海道の美唄《びばい》炭鉱で働くようになりました。その当時、朝鮮半島では、一九二〇年から日本による「産米増殖計画」が実施され、大量の米が日本へと運ばれていきました。それにつれて、朝鮮人の口に入る米はどんどん乏しくなる一方で、農民の困窮が進んでいくばかりでした。

鳳玉さんは日本から戻ったあと、一九三一年に二十八歳で結婚します。この年の九月、日本は中国東北部で「満州事変」を引き起こし、十五年にも及ぶ戦争への道を突き進みました。

植民地支配下にある朝鮮半島も、そのためにいっそうの犠牲を強いられるこ

文花春さん（右）と

とになります。日本国内で不足した労働力を求められ、多くの朝鮮人たちが徴用や徴兵、果ては強制連行へと駆り立てられました。

そんな状況下、鳳玉さんは、長女、長男につづいて二女が生まれた一九三六年、三十三歳で徴用によって樺太へ向かうことになりました。家族を連れての樺太行きでした。

朝鮮半島を発って日本に着いたあと、大阪から船に乗って樺太に渡りました。単身で行く人たちが多いなかで家族が一緒だった鳳玉さんは、それゆえの大変さがあったとしても、きっと心強かったことでしょう。

日本の敗戦後、樺太はソ連領サハリンとなり、朝鮮半島出身者は帰郷の望みを絶たれました。単身で来た人たちは、そのまま家族との別離を余儀なくされたのでした。

鳳玉さん一家が樺太に足を踏み入れた一九三六年は、どんな年だったのでしょうか。日本では、この年、陸軍の青年将校たちによる二・二六事件が起きます。その結果、軍部の力が政治を支配して影響力を強めていき、日本は新たな戦争を引き起こすのです。

翌一九三七年七月七日、日本軍は中国の北京郊外で盧溝橋《ろこうきょう》事件を起こし、中国全土に侵略戦争を広げていきました。それに伴い、日本国内は急速に戦時動員体制に組み込まれていきます。朝鮮半島でも、戦時動員体制として皇民化政策が推し進められました。神社参拝や「皇国臣民の誓い」が義務化され、「創氏改名《そうしかいめい》」や朝鮮語の使用が禁止されました。

日中戦争から太平洋戦争へと戦線が拡大していくなか、日本はそのための労働力を求めて、一九三八年から、官斡旋《あっせん》、徴用と形を変えながら朝鮮人労働者たちを北海道や九州、樺太、南洋群島へと集めました。その数、のべ七十二万人以上と言われていますが、炭鉱や鉱山、軍事基地建設現場、工場……などに送り込まれたのでした。

鳳玉さんが働いていたのは、エストロ市のトウロにあった三菱炭鉱でした。その地で三女が生まれ、一九四〇年の三月には、四女の花春さんが誕生しました。樺太の長く厳しい冬、その後に訪れる花咲く春。それを待ち望むご両親の願いが、その美しい名前に込められているようです。

日本は一九四一年十二月八日、ハワイ・オアフ島の真珠湾を攻撃し、アメリカ、イギリスに宣戦布告して太平洋戦争に突入しました。しかし、その後戦局は徐々に悪化し、敗色が濃くなった一九四四年、花春さんの記憶によると四月か五月の出来事だったといいます。三菱炭鉱の坑内でメタンガスが爆発し、朝鮮人と日本人の坑夫二十六人が犠牲になるなかで、鳳玉さんだけが奇跡的に生き残りました。

「お父さんは心臓が強かったから、助かったようです。でもその事故で背骨が三本折れてしまい、歩けなくなりました。一年中、ベッドに寝ているしかなくなったのです」

花春さんは当時、四歳でした。文さん一家が住む長屋のそばの病院に鳳玉さんが入院し、家族は毎日ご飯を運んでいたといいます。

「戦前まで、お父さんは一年三カ月間、入院していたんですよ」

「戦前」という花春さんの言葉にアジア太平洋戦争を瞬間、頭に浮かべましたが、樺太の戦争は違っていました。前述しましたが、樺太にとっての直接的な戦争は、八月八日、ソ連が日ソ中立条約を破棄し、日本に宣戦布告して始まりました。

八月九日にソ連軍が樺太に攻め込み、敗戦間近だった日本軍は敗走するばかりでした。日本本土は八月十五日に敗戦を迎えたものの、樺太ではソ連軍の陸海空からの攻撃がいっそう激しさを増していたのです。

樺太で暮らしを立てていた多くの日本人たちは、戦火を逃れるため避難をするしかありませんでした。文さん一家も、入院していた鳳玉さんをリヤカーに乗せて、困難な避難生活を送ることになりました。

お姉さん三人とお兄さん、そして五歳になった花春さんを合わせた五人の子どもたちは、降りつづく雨の中、両親とともに山で寝泊まりしながら歩いて避難をしたといいます。ナイロという所まで、二週間の道のりでした。

文さん一家には、もう一人家族が増えていました。前年の九月一日に妹が生まれていたのです。

「逃げている間、妹はずっとおぶわれたままだったので、足がガニ股になってしまってね。私は防空頭巾《ずきん》を袋のようにして、そこに食べ物を入れていたのを覚えてます。お姉さんがお米を背負ってました。たき火ができなかったので、生米を水でふやかしたものを家族みんなで食べたんです」

幼かった花春さんの記憶の底に、避難していたときの光景が、ところどころ鮮明に刻み込まれているようです。

ソ連軍の飛行機だけでなく米軍のB29も飛んできて爆弾を落とすのを、草葉に隠れながら目にしたのも、はっきりと思い出されるといいます。

鳳玉さんの弟二人も、お兄さんの後を追うように徴用で樺太へ渡ってきていました。その弟たちはソ連の侵攻前に兵隊に取られており、残されていた弟の妻である叔母さんは、文さん一家とともに避難していたそうです。

そんな避難をしている最中のことでした。爆撃で火事となり、燃え上がっている火の海の中へ、鳳玉さんがいざりながら入っていこうとしました。

「お母さんに苦労をかけないために、自分で命を絶とうとしたんですね。お父さんは『子どもたちを連れて、チャルサララ（良く生きていくように）』と言い残すようにして。お母さんとチャグンオモニ（叔母さん）が、お父さんを必死に止めたんですよ。お母さんは『子どもを抱えて苦労なのに、死ぬのなら自分も連れていってくれ』とお父さんにしがみついたそうです」

その折の鳳玉さんの胸中や、花春さんのお母さんの心情がどんなものだったのか、ただ、想像することしかできません。文さん一家だけでなく、ソ連軍の侵攻に避難民となった人たちの辛苦は、数限りなくあったことでしょう。

文さん一家の避難は、日本軍の武装解除によって戦闘が止まり、樺太での戦争が完全に終わった八月二十八日までつづきました。

戦争前まで住んでいたエストロの長屋に、文さんたちがようやく戻ってみると、ふとんや家財道具などがすべて盗られてしまっていたそうです。たどり着くのに時間がかかり、帰ってきたのがいちばん遅かったのだといいます。

そこで、文さん一家は空き家となっている長屋を見つけ、日本領樺太からソ連領サハリンに変わった地で、ゼロからの生活をスタートさせたのでした。

日本による植民地下、朝鮮半島から多くの人々が、海を渡って遠く故郷を離れました。日本の敗戦で解放された朝鮮人たちは、故国への帰郷をめざします。当時の状況がどんなものであったのか、振り返ってみます。

二百万人以上もの朝鮮人たちがいた日本では、解放後、約百四十万人が帰国を果たしました。全国各地から、下関や博多、佐世保などの港に、帰国を急ぐ人たちがいっせいに集まったといいます。

そんな状況下、植民地時代に日本に渡ってきた私の祖父母や両親は、戦後もそのまま日本で生活を築いていく道を選びました。約六十万人強の朝鮮人たちは日本の地に留まり、現在につづく在日としての歴史を重ねています。

そこには、それぞれにさまざまな事情と、状況があったことでしょう。ともかく、日本にいた朝鮮人たちは、植民地支配から解放された母国に帰るか、帰らないかを選択することができました。

しかし、かつて樺太だったサハリンでは、朝鮮人たちの帰国は許されませんでした。選択の余地もないまま帰国の途は閉ざされ、サハリンに取り残されてしまいました。

それは一体どうしてだったのでしょうか。

サハリンにいた日本人は、アメリカとソ連との協定で一九四六年から四九年までに、約二十九万三千人が日本本土に引き揚げることができました。

その一方、日本政府は朝鮮人の帰還に対して、何ら対応をすることはありませんでした。朝鮮人の労働力を必要としたソ連や、連合国軍総司令部（GHQ）が積極的に帰還を推進しなかったとしても、日本政府が真剣に対応すれば、朝鮮人の帰還は可能だったはずと言われています。

終戦直後、サハリンには約四万三千人の朝鮮人がいたといいます。植民地下、〝日本人〟とされて徴用や仕事を求めて樺太へ渡ってきた朝鮮人たちは、敗戦後、かの地に置き去りにされたと言ってもいいでしょう。

その折、帰還の機会を奪われた朝鮮人たちの多くは、在日の私たちと同じく、朝鮮半島の南部出身です。戦後はソ連と韓国に国交がなかったため、祖国への帰還をあきらめるしかありませんでした。

新たな人生を歩む

文さん一家に話を戻します。ソ連の領土となり、新たな体制下となったサハリンで、文さんたち家族の生活がはじまりました。

お父さんの鳳玉さんは働くことができないので、お母さんが「ドブロク」(朝鮮の濁り酒)を作って売り、生計を立てたそうです。しかし、それを買って飲んだ人が警察に密告したため、調べに来た警官に、ドブロクが半分残っている一升瓶が見つかってしまいました。

刑務所に入れられることになったお母さんは、ロシア語もわからず、刑務所に行けば死が待っていると思ったそうです。

「一九四七年に下の妹(六女)が生まれて、一歳になっていました。上の妹は三歳(五女)でした。小さい子ども二人を連れて豊原に逃げるようにと言われ、母は豊原に逃げたんですよ」

翌四九年、お母さんを追って、花春さんたちも豊原へと移ります。

一九四七、四八年と、北朝鮮から労働者たちがソ連に働きにきていました。お母さんは彼らにクッス（朝鮮のうどん）を作って売っていましたが、ドブロク作りも再開していました。

家族を養うため必死に働いていたお母さんに、またもや警察が目を向けました。刑務所に入れられたら死が待っていると思い込んでいたお母さんは、絶望的になったのか、毒薬のアヘンで命を絶ってしまったといいます。一九五一年の三月、享年三十七歳でした。

「長男であるお兄さんは、そのとき十七歳でした。精神的なショックが大きくて心が壊れてしまったみたいで、家から出たまま帰ってこなくなりました」

長女はトウロで結婚しており、長男は行方知れず、お父さんと四歳の妹までの五人姉妹が取り残されました。花春さんが十一歳のときでした。

お父さんは一日もロシアで働いたことがないので、年金が支給されません。働き手のお母さんを失った家族は、たちまち路頭に迷いました。

「一週間食べなかったこともあったですね。ゴミ箱に捨ててある黒パンの切れ端や、お酒のつまみを拾ったり、山で草を探して食べたりもしました」

近所の人がパンを持ってきてくれることもあったそうです。そういうとき、不自由な体で動けないお父さんは、自分は食べないで、子どもたちに「食べろ」と勧めたといいます。

「子どもを欲しい」と、お父さんに言ってくる人もいました。そんなことが二、三回あったことを、花春さんは記憶しています。「たとえ飢えて死んでも、そのときはみんな一緒に死ぬ。犬の子じゃないんだ、バカにするな」と、お父さんは大声で追い返していたそうです。

そんな日々の中、十六歳になった二女が就職に必要な証明書をもらうことができ、洋裁の仕事に就《つ》きました。七十六ルーブルの給料で、黒パンを買えるようになったといいます。

花春さんは、レンガ工場でレンガを運ぶ仕事をはじめました。八年生（日本の中学二年生）から日中は仕事をし、夜学に通ったそうです。卒業後は、やはり働きながら、通信教育の専門学校で学びました。

「製図が好きだったので、図面を引く会社に見習いとして入ったんです。十八歳から七十歳になるまで働きました。その間に建築技師として、正式な免許（資格）も取ったんですよ」

お母さんが亡くなったあと、大変な困窮状態を家族とともに乗り越え、たゆまぬ努力を重ねて、花春さんは自らの道を一歩一歩進んでこられたのでしょう。

お父さんはとても厳格で、一度も笑い顔を見たことがなかったといいます。日曜日でも、朝七時には「起きろ」と寝間から出されました。「ちゃんと教えておかないと、お嫁さんに行ったら恥になると思っていたみたいですね」。

厳しくとも、責任感と愛情の深いお父さんのもと、一九七二年、三十二歳で花春さんは結婚します。お相手は、五月のメーデーのときに紹介された朝鮮民族の男性でした。当時、お父さんと二人の妹の生計を花春さんが支えていたこともあり、「少し結婚が遅くなった」のだそうです。

三十六歳の夫は船乗りで、半年間は海にいて、一カ月間は家に帰ってくるという結婚生活でした。夫のお父さんも、植民地下の朝鮮半島から渡ってきました。川で木材を流す仕事をしていたのですが、一九五一年、川に落ちて他界したのだといいます。

結婚した翌年、花春さん夫婦に長男が誕生します。しかし同年、自動車事故で療養中だったお姉さん（二女）が、療養先から自宅に戻る航空機の事故で亡くなりました。原因不明の爆発事故でした。ソ連はカザフスタンで核実験を頻《ひん》繁《ぱん》に行っていましたが、「航路に影響があったのではないか」と花春さんは語ります。

二年後の一九七五年には二男が生まれ、家族が増えました。ソ連国籍を有している花春さん一家は、サハリンに根を下ろした新たな生活を一つひとつ築いていったのでした。

結婚後も花春さんはお父さんの世話をしていましたが、お父さんは一九七七年、七十四歳でこの世を去ります。小水が出なくなって手術をしたら、血圧が上がり、脳溢血《のういっけつ》を起こしたのだそうです。

「お父さんの夢は韓国に帰ることでした。お父さんは死ぬ前に、『火葬して、骨を海に流してほしい。せめて灰だけでも韓国に帰りたい』と私たちに言い残していました」

お父さんの遺言をかなえるため、花春さんたち姉妹は、コルサコフ（旧大泊）のアニワ湾に遺灰をまきました。潮の流れに乗って、稚内から日本海へと運ばれ、韓国の故郷へとたどり着くことを願って……。

閉ざされていたソ連と韓国、両国の間に少しずつ光りが射し込み出したのは、一九八五年、ソ連にゴルバチョフ政権が誕生してからでした。

一九九〇年、ソ連と韓国の国交正常化が実現します。それに合わせて、花春さんは製図の仕事をしながら、ガイドになるための勉強をはじめました。ソ連、韓国、日本との間に、人の往来が盛んになりそうだったからです。

花春さんの日本語の能力は非常に高いのですが、習ったのは日本時代の幼少時に通った学校だけだったといいます。花春さんの努力のたまものと言えるでしょう。

ロシア語、韓国語、日本語と、それぞれを完璧に使いこなしている花春さんですが、その姿をとおして、サハリンをめぐる朝鮮人（韓国人）の歴史が、ありありと伝わってくるようでした。

一九九九年、夫が六十五歳で他界します。お父さんと同じ脳溢血でした。二〇〇九年、花春さんは七十歳近くまで製図を引く仕事をつづけて退職すると、その生活の形を大きく変えました。

日本政府がサハリン残留朝鮮人のために建てた釜山のアパートに、花春さんは妹さん（五女）と住むようになったのです。妹さんも、おつれあいを亡くしていました。

現在、花春さんはサハリンの寒く厳しい季節を釜山で、涼しい夏期をサハリンで過ごすという生活を、妹さんと送っているのだそうです。

サハリンでは息子さんたちと一緒に暮らしています。二男は二〇〇六年に、長男は二〇一三年に結婚しました。それぞれ八歳（数え年）になる女の子の孫と、七カ月の男の子の孫がいるといいます。

「ソ連時代はいじめを受けて、ソ連共産党幹部に差別されることもありました。思い返せば、子どものときからいろいろな苦労がありましたが、いまは幸せです。苦労は幸せのもとですね」

「いまは幸せ」と語る花春さんの表情は、その名前のごとく、春に咲く花のようにふくよかで明るさに満ちていました。サハリンの長い冬を越え、美しく春を彩る花が、花春さんに重なるようでした。

花春さん姉妹のうち、長女と三女は他界しましたが、「歌がうまい」と花春さんが賞賛する二女はサハリンで生活しており、いちばん下の妹さんは音楽大学を卒業し、カザフスタンで有名な歌手になっているといいます。

花春さんに歌をリクエストする機会がありました。日本でも有名な「釜山港へ帰れ」という韓国の歌謡曲を歌ってくださったのですが、深く胸に染み入るような歌声と歌詞に、心打たれる思いでした。

この歌の歌詞には、離ればなれになった兄弟の再会への願いが込められています。朝鮮半島に別離の歌が多いのは、過酷で悲しい民族の歴史が背景にあるからでしょうか。

花春さん姉妹の歌のうまさは、お父さん譲りだといいます。お父さんの鳳玉さんは、とても歌が上手だったそうです。そのお父さんが語っていたという言葉には、胸の奥底からわき起こってきたような重みを感じます。

「ただひとつのうらみは、日本政府だ。ここに朝鮮人たちを連れてきておいて、戦争が終わったら日本人だけを連れて帰り、朝鮮人は捨てていった……」

このお父さんの言葉は、サハリンの地に、いわば置き去りにされた多くの朝鮮人たちの叫びでもありましょう。

お父さんは一九七〇年まで無国籍だったといいます。それは、いつの日か、韓国の郷里に帰るための選択でした。サハリンに残留していた朝鮮人たちは、無国籍、ソ連国籍、北朝鮮国籍の三つに分かれていました。

北朝鮮は、戦後サハリンに領事館を置き、かの地に残された朝鮮人たちが北朝鮮籍を取ることを強く推し進めました。しかし、その大多数の人たちは朝鮮半島の南部の出身者でした。

文鳳玉さんと同じく、南の故郷に戻ることのできる日を、無国籍のままで待ちつづけていた人たちも多かったのです。

そうして待ちつづけたまま、鳳玉さんは異郷の地で生を終えたのですが、サハリン残留朝鮮民族の故郷への道のりは、どのような歩みとなったでしょうか。現在に至るまでを、あらためてたどってみたいと思います。

故郷をめざす

一九四六年末、サハリンからの日本人の引き揚げが開始されます。四九年の夏までに、約二十九万人の日本人が引き揚げていきました。しかし、残留朝鮮人には機会が与えられませんでした。

その間の一九四八年には、朝鮮半島は南半分に大韓民国、北半分に朝鮮民主主義人民共和国（北朝鮮）がそれぞれ成立し、分断国家を余儀なくされます。

一九五七年から五九年にかけて、再びサハリンからの日本人の集団引き揚げが行われました。日本とソ連の国交が回復されたことに伴い、日本は日本人妻のいる朝鮮半島出身者に限って、特例として帰還を認めたものでした。二年間で、子どもも含めて二千三百四十五人が日本にたどり着いたといいます。その中に、日本人妻とともに引き揚げてきた朴魯学《パクノハク》さんという方がいました。

朴さんは日本に到着するや、サハリンに残された同胞の帰還のための活動を、広く展開していきます。まず、同じく引き揚げてきた友人らと「樺太抑留帰還者同盟」（後に樺太帰還在日韓国人会と改称）を設立しました。世論へ働きかける一方、外務省や駐日ソ連大使館、韓国政府への陳情や要請など、朴さんの骨身を惜しまない活動がつづいたのでした。

また当時、ソ連と韓国に国交がない状態で、サハリン残留者と故郷の家族をつなぐ手紙の中継ぎや、連絡の仲介などにも力を尽くされたそうです。

故郷へ帰ることのできないサハリンの同胞たちのために、朴さんの果たした役割は大きかったと思います。でもそれらの役割を、個人が背負わざるを得なかった状況は、まちがいなく問題だったでしょう。

一九六五年、日韓基本条約が結ばれ、日本と韓国の国交正常化が実現します。その十年後の一九七五年に、日本の外務省はサハリン残留韓国・朝鮮人が日本を経由することによって、韓国への帰還がかなう手立てを示しました。

朴さんたちの根気強く地道な活動が、ようやく報われていくかのようでした。外務省から渡航証明書のための申請書が、樺太帰還在日韓国人会に送られてきたといいます。朴さんは、その申請書をサハリンに郵送しました。

それを手にしたサハリン残留者にとっては、長く待ちわびた故郷への道が開けたことに、さぞ期待で胸がふくらんだことでしょう。

一九七六年、四人の人たちが日本経由で韓国に帰るため、サハリンからシベリアの港町ナホトカに渡ったのでした。ナホトカには日本領事館が置かれており、日本への引き揚げの拠点になっていた場所です。

しかし、結果的に韓国と日本政府間の調整がうまくいかず、四人は帰国がかないませんでした。サハリンに戻ったものの、財産はすべて処分し、住居や年金の権利も失っていたため、困難な生活のなかで亡くなったといいます。

その後、同年に約四百人のサハリン残留韓国・朝鮮人に帰還の機会がもたらされました。今度こそは実現するかと思われました。

ところが、ソ連のミグ25戦闘機が函館空港に強行着陸して、米国に亡命するという事件が起きたのです。日本とソ連の関係が冷却化してしまい、帰還はうやむやになってしまいました。

帰還を待ち望んでいた人たちにとって、失望と落胆はどれほどのものだったのかと想像するばかりです。中には絶望感から命を絶った人や、アルコールで体を痛める人もいました。思えば、文鳳玉さんが望郷の念を抱きながら他界された一九七七年は、この翌年になります。

八〇年代に入って、サハリン残留者と韓国の家族が日本で再会することが、ようやくできるようになりました。八一年には、一家族三人がサハリンから日本を訪れ、韓国の留守家族との再会を初めて果たしたのでした。

八〇年代半ばからは、日本での一時再会が相次ぐようになります。八七年には、超党派の国会議員による「サハリン残留韓国・朝鮮人問題議員懇談会」が発足《ほっそく》し、日本政府への働きかけも行われました。

一九八八年、朴さんが七十四歳でこの世を去ります。朴さんは、サハリン残留者と韓国の家族の再会に、招請人となって東京都内の自宅を開放するなど、最後までご夫婦ともども尽力を惜しみませんでした。

この年開催されたソウルオリンピックを契機に、ソ連と韓国の関係にも変化が見られ、翌八九年には、サハリン残留者六十三人がついに韓国の土を踏むことができました。

日本の敗戦とともに道を閉ざされてから、どれほど長い道のりだったことでしょう。まもなく、一九九〇年にソ連と韓国は外交関係を樹立しますが、その一年後、ソ連邦は解体され、ロシアが誕生しました。

サハリン残留韓国・朝鮮人は、日本時代、ソ連時代を経てロシア時代を迎えることになります。サハリンで生まれて育った文花春さんも、体制がまったく異なる三つの時代を生きてきました。その歴史にあらためて思いをはせます。

一九九二年には、韓国への集団永住帰国がはじまりました。韓国内に身寄りのない高齢者を対象とした、韓国の老人ホームへの入居が目的でした。人道的な計らいのようですが、実際には帰国を切望するあまりサハリンの妻と離婚したり、韓国内に親族がいないことを装ったりして、帰国をした人も少なくなかったといいます。それほどまでに、望郷の念が強かったということでしょうか。

九八年の初めごろには、永住帰国者は三百人近くに上っていました。しかし、その中には再びサハリンに戻ってしまう人たちもいたそうです。

時の流れとともに、すっかり変わってしまった故郷になじめなかったり、経済力のない状態での帰国を親族に歓迎されなかったり、逆に親族に負担をかけたくないと気遣ったりと、そこにはさまざまな事情がありました。

また、サハリンで結婚した妻子を置いての帰国には、新たな別離を生むことになったでしょう。故郷にも、サハリンに渡ったきりの夫や父親を待ちつづけていた留守家族がいたのでした。

五十年以上もの永い歳月が、サハリン残留者とその近しい人たちの上に積み上げた、それぞれの人生の重みを推しはかるばかりです。

当時、テレビで放映されたご夫婦の再会シーンを思い出します。短い結婚生活のあと、サハリンへ行った夫と、故郷で待ちつづけた妻はお互いに老齢となっており、過ぎ去った日々の痛みが伝わってくるようでした。

現在、韓国に永住帰国したサハリン残留韓国人は、約四千人に上るといいます。ただその帰国対象となったのは、一九四五年以前にサハリンに渡った人で、現地で家庭をもった人たちは帰国をあきらめざるを得なかったのです。

永住帰国事業が進むなかで、日本政府は、サハリン残留者たちにどのような対応をとってきたのでしょうか。

個人請求権は、一九六五年の日韓基本条約によって消滅したとしながら、「あくまでも人道的立場」として、永住帰国者用のアパートや、療養院の建設費用の支援が行われました。日本政府は、そういった支援はしましたが、個人に対する法的責任はないとの立場です。

また一方で、「日韓基本条約は、当時、韓国と国交のなかったソ連領サハリンに滞在していた韓国人には適用されない」とする法的な解釈もあると言われています。

さらに、サハリンでの労働に対して、郵便貯金されたまま払い戻されていない賃金が、一九四〇年当時の額面で総額一億九千八百万円、簡易生命保険は七千万円に上るそうです。適正な額での払い戻しを求める声に、いまだ返答がないままです。

戦後七十年を迎えた現在、サハリン残留者の多くが亡くなっています。どんどん時が流れていくなかで、日本政府のサハリン残留者問題への対応は、果たしてどうなっているのでしょうか。いまだ、戦後は終わってないように思えてなりません。

永住帰国ではなく、一九八八年ごろから実現した韓国への一時帰国は、九九年には一万人を超えていました。それにしても、これまでに故国の土を踏むことのできたサハリン残留者は、一体どれほどいたことでしょう。

そこへたどり着くまでの長く困難な道のりを想像すると、在日韓国・朝鮮人の歴史とも重なるようです。

「在日」を生きる

日本による植民地支配を背景に、朝鮮半島から多くの朝鮮人が日本に渡ってきました。私の父は七歳、母は二歳のころに祖父母らに連れられて、この地へ来たそうです。

そして、日本の敗戦とともに、朝鮮人は祖国の解放を迎えます。在日朝鮮人たちは帰国するために、朝鮮半島に近い下関や博多、佐世保などの港に押し寄せました。

十八歳だった私の母も、家族と一緒に下関で乗船を待っていたそうです。しかし折からの嵐に、乗る予定だった船は出航できず、結局、一家は日本に留まる道を選んだのだといいます。

一九四五年当時、約二百十万人の在日朝鮮人がいたとされていますが、このとき百四十万人前後が自力で帰国を果たしました。日本に残ったのは約六十五万人ほどでした。

残った理由はさまざまだったでしょう。お金や荷物の持ち帰りが厳しく制限されていたため、故郷に生計の手立てのない人や、基盤を失ってしまっていた人にとっては、生活上の不安がありました。

また、祖国の解放直後の政治的、社会的な混乱と、南北分断にともなう状況に、帰国を思いとどまる人も少なくありませんでした。

私の祖父母と両親も帰国を断念して、日本での暮らしをつづけました。この地で私が生まれ育った所以《ゆえん》です。文花春さんはサハリンで生まれ育ったわけですが、花春さんに親近感をおぼえたのは、歴史的な背景が重なり合っていたからかもしれません。

一九四八年、南に大韓民国、北に朝鮮民主主義人民共和国（北朝鮮）とそれぞれ国家が成立し、在日朝鮮人はその狭間《はざま》に置かれます。

一九五九年に朝鮮民主主義人民共和国と日本両国の赤十字社は協定を結び、同年から在日朝鮮人の「帰国事業」がはじまりました。最初の三年間で七万人以上が、一九八四年までに約九万三千人が北朝鮮へ帰国していきました。

ただ、在日朝鮮人の九八％は、地理的に近い韓国出身です。故郷ではない北の地へ、どうしてそんなに多くの人が向かったのでしょうか。

日本社会での公私にわたる差別は、現在より強く、厳しいものがありました。公的な社会保障制度の枠から外され、銀行でお金を借りたり、ローンを組んだりするのも困難でした。

就職などの壁も厚く、よりよい生活環境を望んで北朝鮮行きを決意する人が多かった一方、自分たちの国の建国に参加したい、力を尽くしたいと夢を抱いて渡っていた人たちも少なくなかったのです。

私の祖父も、祖母が亡くなったあと北朝鮮へと「帰国」しました。韓国の古都慶州《キョンジュ》が父祖の地ですが、当時故郷への道のりは遠かったのです。年金もない祖父は、北朝鮮へ行けば安心して暮らせると思ったのかも知れません。

長男である父が同行を拒んだため、父の代わりに弟である叔父さん一家が、祖父とともに北朝鮮に渡っていきました。一九五九年十二月、新潟港から出港した、北朝鮮への最初の帰還船でした。

日本は北朝鮮と現在なお国交がない状態ですが、韓国とは一九六五年に結ばれた日韓基本条約により、国交を樹立させました。これによって、在日韓国・朝鮮人は韓国政府発行のパスポートで、日本から韓国への渡航が可能になったのです。

話が少し逸《そ》れますが、どう使い分けるか、つねに思いをめぐらせてしまう固有名詞があります。「在日朝鮮人」「在日韓国人」「在日韓国・朝鮮人」「在日コリアン」という言葉です。

時代背景や政治形態、個々人の状況などに応じて分けられているものなのですが、その選択に迷うことが少なくありません。

私自身は二十代のはじめに韓国行きを願い、韓国政府発行のパスポート取得のため、国籍を「朝鮮」から韓国籍に変更しました。それからは、「朝鮮」だったときの在日朝鮮人から、在日韓国人と称することが多くなりました。ときには在日韓国・朝鮮人と自己紹介することもあります。最近は、一般的に在日コリアンという言い方も増えてきているようです。

自分を表す固有名詞が一つでないことに、自分のアイデンティティーまで引き裂かれ、揺らぐ感じがあります。本国の分断状況が、在日の私たちにとっても色濃く影響を及ぼしていると言えるでしょう。

北朝鮮で生活している叔父さんたちをおもんばかって、父と母は「朝鮮」籍のままでした。私が韓国籍になったことにより、表面上、家族の間にも線引きがされているようでした。

「望郷の念が強い父の代わりに私が韓国を訪れたい、何よりも私自身が自分のルーツをたどりたい」と思って、パスポートを望みました。しかし、軍事政権下にあった韓国の政治状況の厳しさから、両親が「朝鮮」籍であることや、北朝鮮に親族がいることなどが問題になったのか、パスポートの取得は困難だったのです。

その待望のパスポートを私がようやく手にすることができたのは、三十代の終わりになってからでした。長く願いつづけてきた韓国を訪れるという夢が、ついにかなえられました。

私にとって、はるかに遠かった韓国への道のり。飛行機に乗ると、またたく間の距離でした。「こんなに近かったんだ……」と感慨をおぼえたことを、同じように日本との近さを実感したサハリンへの渡航で思い出しました。

韓国の故郷へ帰ることなく、祖父は北朝鮮で他界しましたが、父は八十歳を過ぎてから七十八年ぶりに故郷の地を踏むことができました。墓参という名目で、「朝鮮」籍のまま許可された特例でした。

「朝鮮」と「　」でくくるのは、「朝鮮」籍は国籍を表していないからです。「朝鮮」籍は、北朝鮮国籍とよく間違われますが、日本は北朝鮮と国交を結んでおらず、国として認知していないため、日本において北朝鮮国籍は存在しません。

日本国憲法が施行される前日の一九四七年五月二日、「外国人登録令」が公布されて、在日朝鮮人すべての外国人登録証の国籍欄には「朝鮮」と記載されました。

朝鮮半島にまだ正式な国家が樹立されてなく、日本政府は便宜《べんぎ》的に地域名を示したのです。それがいまにつづいているわけですが、「朝鮮」ではパスポートを持てないなど、さまざまな生活上の不自由さもあり、現在は韓国籍が大多数を占めています。

戦争が終結したあと、サハリン残留朝鮮人の韓国への渡航は完全に絶ち切られました。その後のサハリン残留者たちの故郷への道も、前述したように容易なものではありませんでした。

日本で終戦を迎えた在日朝鮮人たちは、解放の喜びとともに、船で祖国をめざすことができました。サハリンに残された朝鮮人たちより、故郷への道はつながっていたと言えるでしょう。しかし解放直後の祖国の混乱と南北の分断によって、その道は遠いものになりました。

私にとっても、韓国へ渡るまでの道のりは難しく、半ばあきらめていたときもあります。在日一世の父が故郷の地を踏むまでには、七十八年もの歳月がかかりました。

サハリン残留韓国・朝鮮人の苦難と同じに並べることはできませんが、在日韓国・朝鮮人もまた、それぞれに植民地支配という歴史を背負い、分断された朝鮮半島の厳しい政治状況に翻弄《ほんろう》されてきたのでした。

どの国のどの民族であっても

サハリンでは、アイヌ民族の生活史の跡を目にしながら、その存在にもあらためて思いを重ねました。

サハリン州立郷土博物館には、アイヌ民族が使っていた狩猟道具や生活用具、衣類などが展示されていました。熊を神とする伝統的な「熊送り」の儀式の模型からは、アイヌの人たちの暮らしの一場面が細やかに伝わってくるようでした。

かつてアイヌ民族は大きな勢力をもっていたといいますが、ロシア人や日本人がサハリンに足を踏み入れるようになった一八〇〇年代初めは、南部一帯で生活していました。樺太アイヌと呼ばれている先住民族です。

しかし、一八七五年、日本が樺太（サハリン）の領有権を放棄するという樺太・千島交換条約によって、アイヌ民族は北海道に強制移住させられたのでした。そのため、多くの人たちが病気などで命を失いました。

日露戦争後に、南樺太が日本の領土となると、樺太アイヌたちも故郷に戻ることができたのですが、日本の敗戦で再び追われて日本へと送還されました。サハリンからアイヌ民族はいなくなってしまったのです。

現在のサハリンでアイヌ民族の姿を見ることはありません。そのことが、故郷を失い、土地と言葉を奪われた樺太アイヌの苦難と受難の歴史を、いっそう強く伝えてくれているようでした。

サハリンでは、八十代の日本人女性に会う機会もありました。日本時代に祖父母が青森県から樺太に渡ってきたのだそうですが、その女性は、生まれ育ったこの地での暮らしを、いまもつづけているのです。現在、約百三十人ほどの日本人がサハリンに居住しているといいます。

敗戦から十数年の間に、三十八万人近くいた日本人はサハリンから引き揚げていきましたが、さまざまな事情で残った人たちが数百人ほどいました。

ソ連が必要とした林業や製紙業、炭鉱などの技術者、そして、召集されたまま帰ってこない夫がいる女性や、戦災で親を失った子どもなど、戦後の混乱の下で取り残された人たちも少なくありませんでした。

また、先の女性のように日本領だった樺太で生まれ育ち、この地を自分の故郷として永住を決めている人たちもいます。

その中でもサハリンに残った多くは、朝鮮人男性と結婚した女性たちです。解放後も朝鮮半島の故郷へ帰ることができなかった夫を置いては帰れず、家族とともに残ったといいます。

サハリンに残っていた日本人たちは、一九五〇年に最後の引き揚げ船が出たあと、日本との往来を絶たれていました。アメリカとソ連の冷戦時代、サハリンと日本との間には厚い壁があったのです。

日本政府は、そんな状態にあったサハリンの日本人たちに手を差しのべることなく、帰国援助に立ち上がろうとはしませんでした。日本人たちは、忘れ去られた存在のようになっていました。

その厚い壁が取り除かれたのは、ソ連の崩壊によってでした。日本との連絡が容易になり、往来も可能になったのです。一九九〇年以降、サハリンに残っていた日本人たちは、日本への一時帰国や永住帰国を果たしていきました。

しかし、そのときも日本政府は積極的に動こうとしませんでした。実質的にそれを推し進めるための運動を起こし、さまざまな手助けをしたのは、日本国内の樺太出身者が中心となった支援団体だったのです。

サハリンに残された朝鮮人と日本人。サハリンが樺太と呼ばれていた当時の歴史を背景にして、それぞれが置かれていた状況とその境遇には、格段の差異があったことでしょう。

また、敗戦後、朝鮮人は帰国への道を完全に閉ざされていましたが、一九五〇年になるまで、日本人は用意された引き揚げ船に乗れば、なんとか日本へ帰る道が開けていました。

朝鮮人と日本人との間に厳然とあった、それらの違いに対する視点は必要不可欠なものではないかと思います。その視点を、忘れてはいけないでしょう。それとともに、やはり忘れてはいけないと思うことは、国家や政治など、人為的な圧力によって苦しめられる人たちの存在です。朝鮮人であっても日本人であっても、どの国のどの民族であっても、そこに差はありません。

その存在が埋もれたまま、長く日本に帰ることのできなかったサハリン残留の日本人や、帰りたくても帰れずに亡くなってしまった日本人たちにも、同じように心を重ね合わせ、つながっていきたいと思います。

戦争で多く犠牲になるのは民間人です。戦争末期、樺太に侵攻してきたソ連軍との戦闘は、日本本土が敗戦を迎えたあともつづき、八月二十二日、住民たちを避難させるための引き揚げ船が三隻《せき》出航しました。

ところがその三隻は、北海道の留萌《るもい》沖で国籍不明の潜水艦の攻撃を受け、千七百八人が死亡したといいます。そのほとんどが女性や子ども、老人でした。

また、戦争中、次のような悲劇もあったことを、関野吉晴さんの著書から知りました。医師で大学の先生でもある関野さんは、人類の足跡をたどる壮大な旅「グレートジャーニー」をやり遂げたことで知られている探検家です。関野さんが次に挑んだ新たな旅で、サハリンを縦断したときの話が、『北方ルート　サハリンの旅』（小峰書店、二〇〇六年）にまとめられています。その中にこんな記述がありました。

――村にもどって村人に、「あそこに日本人の墓はありませんね」というと、「村のはずれにもうひとつあるよ」と教えてくれました。いってみると、お墓ではなく、なにかの石碑のようです。近づくと漢字で、「痛恨の碑」とあります。石碑に刻まれた文章を見て凍りつきました。

「昭和二〇年八月一七日、一六人の朝鮮人が突然日本の駐在所に連行され、殺された。殺された朝鮮人の霊を慰労すると共に虐殺の事実を全世界に告発する」とあります。日本人に殺された家族が建てた慰霊碑だったのです。

かつての日本領南樺太の旅は、太古の人類の足跡を追うだけでなく、日本の現代史を見つめ直す旅になりました。


関野さんが訪れた「痛恨の碑」は、日本統治時代は敷香《しくか》と呼ばれていたボロナイスク近郊の村の外れに、ひっそりと建てられているとのことです。その碑は、父と兄を虐殺された女性が、一九九二年に建てたものだといいます。

以前、沖縄でも、「皇軍兵士によって虐殺された人々」と記された「痛恨の碑」が沖縄の久米島に建てられているのを、教師をしていたという女性から教えてもらったことがありました。

八月十五日の敗戦後、日本軍の部隊によって、久米島の二十一人もの島民が無残な殺され方をしたといいます。

その中に、朝鮮人の一家七人がいました。朝鮮人というだけで一方的にスパイ容疑をかけられ、両親と乳幼児をふくむ五人の子どもたちが酷《むご》く殺されたそうです。小学生だったという長男の担任をしていたのが、碑について教えてくれた元教師の女性でした。

この話は、かつて自著（『命さえ忘れなきゃ』岩波書店、一九九七年）に書いたことがありますが、関野さんが目にしたというサハリンの「痛恨の碑」と重なります。

戦争はつねに残虐行為を引き起こしますが、その行為の根元に、より弱い存在に対する差別意識が巣くっているのを、「痛恨の碑」から実感させられるようです。

旅行社が企画した今回のサハリンの旅では、「痛恨の碑」に立ち寄ることはできませんでしたが、次の機会にはぜひ訪ねてみたいと思います。同じように知られていない（知らされていない）他の数々の史実もたどりながら。

はるか遠くに感じていたサハリンが、実際に訪れたことにより、私にとって身近な地となりました。旅のもつ大きな利点でしょう。

ある場所を頭で理解したり想像したりするだけでは、ただ輪郭《りんかく》をなぞるだけに過ぎないのかもしれません。実際にその地で空気や風、におい、街のたたずまい、景色などを体感し、歴史の歩みをたどることで、輪郭の内側が豊かに埋まるように思えます。

そして何よりも、そこに暮らす人々と出会い、ふれあうことでいっそうそれが深く確かなものになることを、さまざまな体験をとおして実感してきました。このサハリンの旅でも文花春さんと出会うことができ、まさに得がたい収穫でした。

一人ひとりだれもが貴重な歴史を背景にして、その人だけの、かけがえのない人生を生きています。花春さんのお話を聞かせていただき、あらためてその重みを感じました。

八月初旬から五日間の旅を終え、着いたときと同じユジノサハリンスク空港を飛び立ち、北海道の新千歳空港へ降り立ちました。一時間足らずの飛行時間の短さに、いつしか眼下に北海道の大地が広がっていたのにも、まったく気付かないほどでした。

李義八さんとの出会い

心に強く刻まれたサハリンの旅。その旅から日本に戻ってしばらく経ったころ、再びサハリンと結びつく出会いがありました。

文花春さんのお父さん、文鳳玉さんと同じように、植民地下の朝鮮半島から樺太に渡り、現在は日本に居住している李義八《イヒパル》さんと、偶然にもお会いする機会があったのです。

戦後七十年が過ぎ、過去の歴史や当時の体験を語ってくれる人が少なくなっているなか、サハリンから帰還を果たした李さんのお話を、直《じか》に聞かせていただくことができました。

その李義八さんと、私が最初に出会った場面からつづけたいと思います。

九月は、関東大震災にちなんだ催しが各地で行われていますが、都内で開かれたシンポジウムの一つに参加しました。関東大震災時の朝鮮人虐殺をテーマにしたものです（注：一九二三年九月一日に起きた関東大震災のとき、「朝鮮人が井戸に毒を入れた」「暴動を起こしている」などのデマが流され、軍隊や警察、自警団などによって多くの朝鮮人が酷く殺された。その数、六千人以上と言われている）。

シンポジウムの最後に、司会者が会場の参加者に感想と質問を求めたとき、即座に手を上げたのが李さんでした。

席から立ち上がった李さんは、ご自身がサハリンからの帰還者であること、そして残留朝鮮人への日本政府の対応がいかに理不尽だったかということなどを、熱のこもった語り口で発言されたのです。

関東大震災に関する内容ではなかったのですが、植民地統治下で受けた朝鮮人の痛苦が、李さんご自身とも二重うつしになっての発言だったのでしょう。九十歳という高齢で、細く小柄な李さんの張り上げた強い声が、会場内に響きわたりました。李さんの語り尽くせぬ思いが、説得力をもって胸に迫ってくるようでした。

シンポジウムの終了後、李さんとお会いし、お話を聞かせていただく約束ができました。そして、十月の初旬、李さんのお住まいを訪ねたのです。サハリンの旅が、まだつづいているような感じがしました。

東京の下町、足立区内の区営住宅に李義八さんは一人住まいをしていました。妻の英子さんは、二〇一〇年に他界し、二男一女の三人のお子さんたちは、他の場所でそれぞれ生活をしているそうです。

掃除の行き届いたお部屋で、李さんは資料を前にして、現在まで経てきた道のりをたどりながら、ご自身が伝えたい思いを語ってくださいました。

李さんが生まれたのは一九二三年、日本では関東大震災が起きた年です。朝鮮半島の南東部に位置する慶尚北道《キヨンサンプクド》英陽郡《ヨンヤン》の農家で、兄三人姉一人の五人きょうだいの四男として生を受けました。

小作農で暮らしは貧しく、春には食糧が乏しくなり、家族は栄養不足になっていたといいます。山から採ってきた松の皮を煮て、アワに混ぜて食べたこともあったそうです。

お兄さん三人は農業をやり、李さんだけが小学校（十二歳から十八歳まで）に通うことができました。卒業後は農業学校で一年間学び、そのあと鉱山で仕事に就いたのですが、日当は同僚の日本人の三分の一以下でした。

李さんは、お父さんや周りの朝鮮人がよく口にしていた「搾取《さくしゅ》」という言葉を、身をもって実感したといいます。鉱山で半年間働いたあとは、農業指導員として、農家に綿作りや苗代《なわしろ》作りの指導もしたそうです。

一九四三年、李さんが二十歳になったとき、樺太の石油会社の募集広告を目にします。行政の責任者から、「五十人の募集に人が足らない。いずれは徴用になるので、それよりも募集に応じたらどうか」と促《うなが》されました。「二年間働いて戻ったら、仕事を見つけてやる」とも言われ、将来を考えた李さんは、「嫁をとらなきゃいけないし、出稼ぎに応じたんですよ」と当時を振り返ります。

ちょうど二年後には還暦を迎えるお母さんに、「帰ったらお祝いをするから」と告げて、李さんは樺太へと向かいました。集められた五十人がトラックに乗って出発する場所まで、二里《り》の山を越えてやってきたお母さんは、目に涙をためて見送ってくれたそうです。

釜山から海路で下関に着き、そこから青森、函館、稚内を経由して、樺太の大泊（現コルサコフ）へ渡りました。そのまま汽車に乗り換えて移動し、目的地へ着いたときは、出発から一週間が過ぎていました。

オホーツク海側の東に位置し、落合《おちあい》（現ドリンスク）の近辺の内淵《ないぶち》（現ブイコフ）にある内淵人造石油株式会社の西内淵炭鉱が仕事場でした。三菱の系列だったといいます。

石炭を掘る削岩機などの修理、整備を担当し、一日十二時間、休みは月一回あるかないかの労働は厳しく、李さんは体調を崩したこともあったそうです。

食事も粗末で量が少なく、中にはひもじさからゴミ箱に捨てられていた魚の頭を食べて、おなかを壊す人も少なくありませんでした。逃亡をはかり、半殺し状態にされた人たちもいました。

賃金は募集にあった金額の半分で、しかもほとんどを強制貯金させられ、通帳と印鑑は寮長が管理していたそうです。それでも李さんは、何とかわずかなお金を貯めて実家へ仕送りしたといいますが、届いていなかったことが後にわかります。

一九四五年五月、約束の二年が経ち、李さんは一緒に来た仲間たちとともに、寮長に帰国を申し出ました。

しかし、それに対して会社の援護にあたっていた憲兵は、李さんを含めた慶尚道出身の二百人の労働者を集めると、「貴様ら、この非常時にどこへ帰るんだ」と声を荒らげ、李さんたちはそのまま再徴用されることになったのでした。

ほどなく日本の敗戦を迎えます。内淵から大泊に移った李さんは、自動車修理の仕事をはじめたそうです。その職場から日本人の修理工たちが次々と引き揚げていきました。一九四六年十二月に開始された日本への引き揚げでした。「朝鮮人とロシア人だけ残った」という李さんの言葉に、取り残された朝鮮人たちがどんな気持ちだったのかを、おもんばかりました。

当時から李さんの親しかった人が、西内淵炭鉱でともに仕事をしていた朴魯《パクノ》学《ハク》さんです。朴さんについては、サハリン残留朝鮮人の帰国に尽力した方として前述しています。李さんが大泊に移ったときも、朴さんと一緒でした。

一九四七年にはサハリンで朝鮮人の組織が作られたといいます。「朴魯学さんが事務局員になった」のだそうですが、そこで行われた調査で「四万三千人の朝鮮人がサハリンに居住している」とわかりました。

トラック運転手へと転職した李さんに、一九五〇年、運命を変える生涯の伴《はん》侶《りょ》との出会いがありました。

「休みをとって、豊原（現ユジノサハリンスク）に行ったら、同じ故郷の南《ナム》さんが結婚して暮らしていてね。そのとき、南さんから日本人の英子さんを紹介されたんですよ」

樺太で生まれた英子さんは一家で日本に引き揚げるはずだったのが、母親がパスポートを紛失したために、サハリンに留まっていました。李さんは二十六歳、英子さんは二十歳で、二人は結婚したのでした。

二男一女の子どもに恵まれた李さん一家に、日本へ渡る機会が訪れました。一九五六年に日ソ共同宣言が結ばれ、翌年から始まった後期集団引き揚げで、日本人配偶者をもつ朝鮮人の日本への入国が許可されたのです。

「私たちが舞鶴に上陸したのは、一九五八年の一月十四日でした。引き揚げ者の収容所に入りましたね」

日本の地へたどり着いた李さんでしたが、日本政府の対応は冷たいものでした。戦前は「日本人」として扱い、戦後は日本人ではないからと、引き揚げ者への援護の対象者からも外したのです。

家族とともに引き揚げてきた李さんたち朝鮮人には、引き揚げ者手当も旅費も支給されませんでした。列車の中で弁当が配られたときも李さんの分はなく、家族と分け合って食べたといいます。

李さん一家は、ひとまず東京の足立区の引き揚げ寮に落ち着きました。寮には、やはり日本人女性と結婚していた朴さんたちもいたそうです。その翌年、李さんは十七年ぶりの帰郷を、ついに果たすことができました。

「土建の日雇いや水道管の工事やら、日本に来て一年間、ほんとうに一生懸命働いて旅費を作ったんです。韓国へ帰ったら、父と兄弟たちには会えたけれど、母は亡くなっていました」

死んだと思っていた息子に、お父さんは大変喜んだといいます。しかし還暦を祝うというお母さんとの約束を、李さんはかなえることができませんでした。「母は亡くなるときに、『ヒパルは来ないのか』と泣いて、息を引きとったんだそうです」

そう語る李さんの口調は静かで淡々としていましたが、言い尽くせない思いが込められているように感じられました。

日本に戻った李さんは、一年半暮らした引き揚げ寮から、同じ足立区の都営住宅に朴さんたちとともに移りました。そして、仕事も土建の日雇い労働をやったあとは、タクシーやトラックの運転手などをして生計を立ててきたのだそうです。

李さんは日本で家族との生活を築いていきながら、一方で、サハリンに残された同胞のための活動にも、できる限りの力をそそいできました。

朴さんら帰還した友人たちと「樺太抑留帰還者同盟」（樺太帰還在日韓国人会に改称）を立ち上げ、サハリン残留の同胞の帰還を、日本政府や国会議員に訴えかけたのです。

李さんには、サハリンの同胞たちから託された帰郷の願いが、強く刻み込まれていました。

「とにかく、故郷へ帰りたくてね。みんな、すごく故郷へ帰りたがっていた。私が日本に引き揚げるときも港に見送りに来てくれて、自分たちも帰れるように日本で運動してくれって頼まれたんです」

サハリンから会に送られてきた帰還希望者の名簿をまとめて作成し、韓国政府と日本政府に渡しました。しかし日本政府の反応は鈍く、サハリン残留の同胞の帰郷が、そのあとも長く実現できなかったのは前述したとおりです。

それでも李さんたちは、サハリンから送られてくる手紙を韓国の家族を探して届けたり、サハリン残留者と韓国の家族が日本で再会するのを手助けしたりと、献身的な活動をつづけました。

「手紙の切手代やいろいろなものに結構お金がかかって、生活が苦しいなかで大変でした。妻には、本当に負担をかけてしまいました」

日本での再会のために、李さんの住まいの近くにアパートを借りたといいます。滞在者の食事の世話や洗濯、部屋の掃除などは、すべて妻の英子さんが受けもちました。

「シーツを大量に洗ってましたね。アパートを何度も行き来して、あれやこれや重労働だったと思います」

李さんは、英子さんが忙しく立ち働いていた当時の姿を、遠く思い浮かべているようでした。その表情から、李さんのやり場のない胸の痛みが伝わってきました。

二〇一〇年、英子さんは、就寝中に少し言葉を発したあと、突然亡くなられたそうです。

「自分がかけた苦労が妻の寿命を縮めたのではないか」と、李さんはご自身を責める日々だったといいます。

「他の人は振り向きもしなかった」というサハリン残留者に対する周りの無関心さのなかで、李さんや朴さんたちが尽力した草の根の支援は、大きな役割を果たしていたにちがいありません。

でもそれを個人が背負うことによって、家族にとってもかなりの重荷になったことでしょう。李さんと同じように、朴さんの家族も、どれほどご苦労があったかと、あらためて思いをはせてみます。

おかげで、サハリンに残されていた韓国人と、故郷の肉親はようやく再会することができたのです。李さんは、やさしい笑顔をたたえた英子さんの遺影がおさめられた仏壇の前で、何冊ものノートや資料を見せてくれました。

ノートには、整った丁寧な手書きの字で、びっしりと氏名や略歴、連絡先などがまとめられていました。サハリン残留の同胞の名簿と、細部にわたる記録です。李さんの実直で几帳面な性格が、うかがい知れるようでした。

李さんの陳述書

資料の中に、陳述書と記された李さんの署名入りのものがありました。二〇〇六年十二月の日付になっています。東京地裁に提訴する際に提出されたものだそうです。一体、どんな提訴だったのでしょうか。

二〇〇七年九月二十五日、戦前に朝鮮半島から樺太に渡り、サハリン残留者になった、サハリン在住の六人と韓国に帰国した四人、そして東京在住の李さんら十一人は、日本政府と郵政公社に向けて訴訟を起こしました。

その訴訟内容は、かつての郵便貯金などを、現在の価格上昇に合わせて払い戻してほしいというものでした。敗戦後、日本人の引き揚げと同時に樺太の郵便局は閉鎖され、払い戻すことができなかったのです。

李さんは、訴訟に合わせて司法記者クラブで記者会見を行いました。「炭坑労働の賃金は強制的に貯金させられ、一九五八年に日本に引き揚げたときに払い戻したら、額面の倍にしかならず苦しい生活の助けにはならなかった」と語っています。

陳述書にも、その訴えが具体的な数字で示されていました。郵便貯金の金額は約二千円、戦時貯蓄債権が百八十二円五十銭、合わせて約二千二百円でしたが、払い戻されたのは約四千四百円だったそうです。

金額が二倍になっていますが、実際の物価上昇は二百四十倍以上だったといいます。李さんは陳述書にこう記しています。

「私が一九四五年まで、貯金した金額を一九五八年に引き出す際には、約二四〇倍以上にならないと不公平だと思います。二千二百円の二四〇倍は五十二万八千円で、受け取った受領額は四千四百円ですので、五十二万三千六百円が不足していると思われます。……」

李さんたちはサハリンに残ることを強いられ、その間、実際に郵便貯金の払い戻しは不可能でした。その背景と原因に目を向ければ、李さんたちの訴えは至極《しごく》当たり前で、現実に即したものと言えるでしょう。

二〇〇六年で換算すると約三千二百倍となり、二千二百円は七百四万円に相当するそうです。李さんが炭鉱で働いた三年分の給料として、相応な金額と思えます。

李さんは陳述書の最後に、日本政府に対して次のような訴えを投げかけています。

「私が樺太へ行ったのはちょうど二十歳の時であり、樺太での労働と戦後のサハリン残留のため、私の人生は大きく歪められました。せめて、樺太での労働に対する見返りが正当に行われれば、ある程度納得できるのですが、前に述べたように、私の労働の対価である預金の二千二百円が一九五八年にわずか四千四百円にしか評価されず、大きな損害を強いられたと思っています。この私の二千二百円の預金について、正当な価値による支払いをする義務が日本政府にはあると思います」

李さんたちの訴訟はいまだ実を結んでいませんが、九十歳を超えている李さんの辛苦がわずかばかりでも報われなければ、あまりにも非道で理不尽に思えてなりません。

陳述書には、ご自身がたどってきた道のりが樺太、及びサハリンを軸として詳細にまとめられていますが、その道のりに沿って、本文中では、随分、参考にさせていただきました。

その陳述書をとおしていっそう理解を深めることができましたが、李さんから直に語られた一つひとつの言葉は、やはり何より強く胸に響きました。李さんがたどってきた人生の重みと痛みが、実感をともなって伝わってきたからでしょうか。

「日本人は帰るときに言っていました。『お前らは関係ない、第三国人だから。

自分たちは日本人だ』と。そればかりか、日本人たちは向こうに残った朝鮮人を殺そうとしたんですよ」

李さんの言葉の後ろには、戦後、サハリンに置き去りにされた一人ひとりの朝鮮人の存在があり、その声なき声も含まれているようでした。

戦争が終わって七十年が過ぎようとしています。かつての戦争はいまなお多くの人たちに消えない傷跡を残していますが、日本の植民地支配の被害者にとっては、その傷跡が重なって刻み込まれているのを感じます。

二重の被害者である李さんたちの戦後だけでなく、植民地支配の清算もいまだ終わっていないということを、私たちは忘れてはいけないと思いました。日本（日本人）はいままで、あまりにも負の歴史に背を向けてきたのではないでしょうか。

李さんのお宅を後にするとき、道に迷わないようにと、李さんが自転車を押しながら最寄り駅まで見送ってくださいました。伺ったときも、外に出て待っていてくださった姿が思い浮かびます。

まっすぐな視線と背筋を伸ばした姿勢。責任感と意志の強さが、李さんの眼差しやたたずまいから伝わってきました。生来の資質だけでなく、困難で厳しい道のりの中で培《つちか》われたものなのかもしれません。

実年齢は私の父の方が少し上ですが、二年前に他界した在日一世の父と李さんが重なり、父の人生を振り返ることもできました。

戦前に朝鮮半島から日本に渡ってきた在日一世は、父をはじめ身近にいましたが、サハリンへと渡った人たちと出会う機会はありませんでした。

サハリンを旅したことにより、文花春さんを知り、花春さんをとおして文鳳玉さんの人生にふれることができました。また、日本では李義八さんとの出会いが思いがけずありました。

はるか遠くの地だったサハリンと、知識として理解していたその歴史。同時代を生きてきた人と知り合うことで距離が縮まり、歴史に人間の体温を感じることによって、自分とのかかわりを学ぶことができます。

一人ひとりだれもが歴史を背負い、歴史の中を生きていると言えるでしょう。出会いを積み重ねていくことで、過去から未来へとつながる現在の自分の立ち位置が、はっきり見えてくるのではないでしょうか。

私にとってサハリンという地名が胸に刻まれたのは、友人の新聞記者の話からでした。韓国の特派員をやり、朝鮮半島問題をライフワークとするようになった原点が、サハリンの残留韓国・朝鮮人への取材だったといいます。

彼が記者をしていた北海道新聞は、紙面でサハリンの残留韓国・朝鮮人をテーマに連載し、それを主とした連載シリーズが『ムクゲの「祖国」から』（北海道新聞社、一九九九年）という本にまとめられました。その本から多く参考にさせてもらったことを、最後に記しておきたいと思います。

サハリンの旅からかなりの時間が経ちましたが、その余韻は、まだ消えそうにありません。

Ⅱ 宮本百合子が、私たちをつなぐ

私の思想形成において、何らかの影響を受けた作家はだれかと問われたら、まず宮本百合子をあげることができるでしょう。百合子の作品は、私の生き方の根幹につながっているように思えます。

宮本百合子は、二十世紀に入る直前の一八九九年二月十三日に生まれ、一九五一年一月二十一日、五十一歳の若さでこの世を去ります。

私は六十一歳の誕生日（二〇一一年一月二十三日）に、奇《く》しくも宮本百合子没後六十年「百合子の文学を語る集い」で、百合子について語る機会に恵まれました。

どうして私に声がかかったのかというと、新版『宮本百合子全集』第二十一巻の「月報」に文章を寄せたことがあり、それがきっかけとなったわけです。

「百合子の文学を語る集い」での私の講演を土台にして、この時代を生きる私たちに宮本百合子が語りかけてくるものを、作品を取りあげるなかで、伝えることができたらと思います。

「貧しき人々の群」の視点で

宮本百合子という作家、その作品を私に教えてくれたのは、七歳上の従姉《いとこ》でした。鳥取県で生まれて育った私ですが、大阪に住んでいた従姉は私の家によく遊びに来ていました。

あるとき、その従姉が高校生だった私に「この本を読んだらどう」と手渡してくれたのが、百合子の『貧しき人々の群』と『十二年の手紙』だったのです。私と年齢がそう違わない、十七歳の百合子のデビュー作『貧しき人々の群』。この本は、私の心に鮮烈に響きました。

私が生まれたのは一九五〇年で、百合子が亡くなる一年前でした。五〇年代から六〇年代にかけて、日本はまだ貧しかった時代です。私の家は鉄屑《てつくず》業、廃品回収業を営んでいました。リヤカーに廃品を積んで売りにくるハルモニ（韓国語でおばあさん）、段ボールを集めてお金に換《か》え、土管の中で寝起きしているおじさん、日雇いの肉体労働でその日暮らしをしている人たち……といった、まさに〝貧しき人々の群〟が、私の周りには集まっていました。

私はというと、そのなかでも恵まれた環境にあり、周りにいる人たちに対して申しわけないという気持ちを、子どものころから感じていました。どうすればだれもがそうした貧しさから解放され、ともに心豊かに生きていける平等な社会を作れるだろうかと思う日々のなか、『貧しき人々の群』という本に出合ったのです。

この本における百合子の視点が、そのまま私自身と重なりました。社会をどういう視点でとらえるのかということ、それを教えてくれたのは百合子の作品でした。

高校生のときに手にして以来、ずっと私の意識の底にあった本ですが、「百合子を語る文学の集い」での講演を機に読み直してみました。するとそこに、私が大学生だったとき、ノートに書き留めていた言葉があったのです。その当時、困難にぶつかったときや、つらかったり苦しかったりしたときに、いつも私はその言葉に励まされ、力づけられていました。それがこの本の序文に載っていたのです。その序文を紹介します。

C先生。
先生は、あの「小さき泉」の中の、
「師よ、師よ
何度倒れるまで
起き上らねばなりませんか?
七度までですか?」
と云う、弟子の問に対して答えた、師の言葉をお覚えでございますか?

「否！

七を七十乗した程倒れても
なお汝《なんじ》は起き上らねばならぬ」

と云われて、起き上り得る弟子の尊さを、この頃私は、しみじみ感じております。

第一、先《ま》ず倒れ得る者は強うございます。

倒れるところまで、グン、グンと行きぬける力を、私はどんなに立派な、また有難いものだと思っていることでございましょう。

今度倒れたら、今度こそ、もうこれっきり死んでしまうかもしれない。が、行かずにはいられない。行かずにはすまされない心。

ほんとうにドシドシと、
ほんとうにドシドシドシドシと、真の「自分の足」で歩き、真の「自分の体」で倒れ、また自ら起き上られる者の偉さは、限り無く畏《おそ》るべきものではございますまいか。

（中略）

たといよし、いかほど笑われようが、くさされようが、私は私の道を、ただ一生懸命に、命の限り進んで行くほかないのでございます。

自分の卑小なことと自分の弱いことに、いつもいつも苦しんでばかりいる私は、一体何度倒れなければならないのか？

それは解《わか》らないことでございます。

けれども、私はどうぞして倒れ得る者になりとうございます。地響を立てて倒れ得る者になりとうございます。そして、たといどんなに傷はついても、また何か摑《つか》んで起き上り、あの広い、あの窮《きわま》りない大空を仰いで、心から微笑出来ましたとき！　その時こそどうぞ先生も、御一緒に心からうなずいて下さいませ。

一九一七年三月十七日

著者

この序文（「序にかえて」）の中で、私が書き留めて心に刻み込んでいた言葉は、「何度倒れるまで起き上らねばなりませんか？　七度までですか？　否！七を七十乗した程倒れても　なお汝は起き上らねばならぬ」というところです。その言葉が、学生時代の私を支えてきたと言ってもいいでしょう。

十七歳の百合子が、この「貧しき人々の群」の序文にこれを書いたとおり、百合子は自らの足で歩き、大地に何度倒れても何かを摑《つか》んで起き上がり、自分の道を突き進んでいくという、まさにその姿勢に貫かれた人生でした。

人間への信頼と勇気くれた「十二年の手紙」

そして「十二年の手紙」です。戦後生まれの私には、当時の厳しい状況について、当然のことながら、まったく実感はありません。日本がもっとも暗黒の時代、獄中にあった夫・宮本顕治との間に交わされた、実に何と十二年にもわたる往復書簡集です。その事実に心を動かされ、感動しました。

小林多喜二が特高警察の拷問によって虐殺されたのは、一九三三年二月二十日のことでした。私が小学校の高学年だったとき、たしか教科書でその写真を見たような気がしますが、もしかしたら教科書じゃなかったかもしれません。小林多喜二が拷問をうけて体が腫《は》れ上がり、そのまま遺体となって戻ってきた酷《むご》い写真を目にしました。

小学生だった私はその写真を見て、言葉では言い尽くせないほどの衝撃を受けました。どうして人間がこんな酷いことをするのだろう、なぜ小林多喜二は、こんなふうに殺されなければいけなかったのだろう、それはどういう時代だったのだろう、と思ったことを、いまも鮮明に記憶しています。

宮本顕治が検挙されたのは、多喜二が虐殺されてから十カ月後の同年十二月でした。想像を絶する非常に過酷な状況のなか、獄中の顕治は「非転向」を貫きとおします。そのことに、私はまた感動をおぼえました。

そして同じく百合子も、幾度となく検挙されたのです。四一年に検挙された百合子は、その翌年、獄中で重い病気にかかり、本当に命も危ういところだったといいます。

検挙されたため、作家にとって魂でもある作品を発表する道も閉ざされてしまいました。三二年から四五年にかけての厳しい時代、十三年間でわずか三年九カ月しか作品を発表する時期がなかったのです。現代では考えられない、言論・表現の自由がすべて奪われるという、そういった時代でした。

そんな困難のなかでも、揺らぐことなく真っ直ぐに誠実に生きた百合子。同じ女性として、尊敬の念を禁じ得ません。塀の内と外で十二年という永い歳月、二人が手紙によって励まし支え合ったという事実は、私に人間に対する信頼と、人間としての勇気を与えてくれました。また、二人の関係性、特に百合子の顕治への思い、愛情のありように胸を打たれました。

百合子から顕治への手紙は、一九三四年の十二月八日付けの第一信から始まります。顕治が検挙されて一年間、手紙はおろか、顕治の消息すらわからないままでした。そんな百合子がようやく書くことができた手紙です。

第一信。（不許）

これは何と不思議な心持でしょう。ずっと前から手紙をかくときのことをいろいろ考えていたのに、いざ書くとなると、大変心が先に一杯になって、字を書くのが窮屈のような感じです。

先ず、心からの挨拶《あいさつ》を、改めて、ゆっくりと。——

百合子のあふれんばかりの気持ちが伝わってくる書き出しから始まり、日常生活のこまごまとした近況まで、思いのたけをこめた長文の手紙です。「附録二枚」の追伸までついていますが、その結びはこうつづられています。

ねえ、私は用心しなければいけませんね。こうやってかいていればいくらだって書いて、随筆幾つか分の手紙をかいてしまいそうです。私たちが暮して間もなくあなたは、私がどんな手紙をかくかしらと云っていらしったことがあったが、いかが？　私の手紙は。私の手紙には私の声が聞こえますか？　私のころころした恰好《かっこう》が髣髴《ほうふつ》いたしますか。その他さまざまの時に見える私が見えますか？　三日に余り久しぶりであなたの声を聞いて、私は今だに耳に感じがついて居ます。ここでさえペンをもっていると手がつめたい。（附録終り）

この手紙を読んだ顕治の返信を読みたくなります。ところがこの手紙は、結局、不許可となって届きませんでした。いま読めるのは、百合子が万一のために保存していたコピーによるものです。

顕治への手紙は、検閲《けんえつ》で「不許」になって届かないことも少なくありませんでした。手紙が届かない、それでも百合子はめげることなく、諦めることなく、書きつづけます。毅然《きぜん》として、獄中の顕治に手紙を送りつづけました。百合子の手紙の文面を読んでいると、受取人である顕治になったような不思議な感じがしてきます。そして、百合子の明るさ、楽天主義に私自身まで元気づけられてしまうのです。

私はやっぱり生活を愛し、たくさん笑い、心の底に音楽を感じながら、例えば、きょうは暑くて苦しいから、勉強部屋の掃除をさっぱりして、裏庭から草花をとって来てそれをさし……（一九三六年六月二六日）

百合子の不屈の精神は、しなやかな感性で包まれているからこそ、こんなにも強いのでしょう。次の文面も心にズシンと響いてきました。

……私たちの生活は何とあれから動き進み、豊富にされてきているでしょう。そのためどれほどの人間らしい誠実さと智慧《ちえ》と堅忍とが、そそがれているでしょう。世間では、私たちをある意味でもっとも幸福な夫婦と折紙をつけています。私はもちろんそれをいやに思ってはききませんが、そういう人々の何パーセントが、何故に私たちが幸福な夫婦であり得ているかということ、もっとも大切な点について考えをめぐらしているだろうか、とよく思います。（一九三七年七月二六日夜）

こんな困難な状況のなかで、「何故に私たちが幸福な夫婦であり得ているかという、もっとも大切な点について考えをめぐらしているだろうか」という問いかけが、素敵です。志を同じくして、ともに同じ方向を目指しながら、しっかりと支え合い、深く信じ合っていることが伝わってきます。

客観的に見たら厳しく困難な状況下の二人であるにもかかわらず、こう言い切れる百合子に、顕治への信頼と愛情、社会変革への意志と未来への確信を、強く感じとることができるでしょう。

戦争反対を表わすことが命がけの時代が、かつてありました。命をかけても戦争に反対しようとした人たち、そういう人たちがいたことが、いまを生きる私たちに大いなる勇気と力、そして自負心を与えてくれます。

最初に百合子が、獄中の顕治に手紙を書いた時代から八十年以上経ちますが、現在の日本を取り巻く状況は非常に危険で、その時代に逆行しているように思えてなりません。

一九四五年、日本はアジア・太平洋戦争の敗戦後、天皇制国家から民主主義国家になったと言われていますが、果たしてどうなのでしょうか。

アメリカの言いなりの政治はつづき、過重な負担を強いたままの沖縄の米軍基地問題は、未《いま》だ解決されていません。日本各地に米軍基地が配置され、私の住んでいる神奈川県にも、横須賀、座間、厚木といった基地があります。それらの基地をとおして、戦後、朝鮮戦争、ベトナム戦争、イラク戦争などに日本は関わってきました。

そこから米軍が出撃し、爆弾を落として人々の生命を奪ってきたことに思いをはせると、日本は本当に平和国家になったのだろうか、本当の意味で独立しているといえるのだろうかと、考えてしまいます。そして、この格差社会。労働環境の悪化と生活の不安は増すなか、一部の富める者がいる一方、多くの人々が明日の生活をも保障されないような状況下にあります。

時代をさかのぼって、顕治と百合子たちが生きていた時代はどうだったのでしょう。

一九二九年に世界恐慌が始まります。それが日本に波及して、一九三〇年、昭和恐慌が起こり、非常に不安定な社会状況に陥りました。経済が破綻《はたん》して失業者が増大していくなか、一九三一年には関東軍によって「満州事変」が引き起こされ、三七年には戦火が中国全土に拡大されていきました。

治安維持法が制定されたのが一九二五年です。小林多喜二を虐殺し、戦争反対を叫んだ人たちを酷く弾圧して、顕治を長い間、牢獄につなぎ、そして百合子をも何度も検挙し、発表の自由を奪った、あの治安維持法です。

二八年に改悪されて最高刑が死刑となり、思想・信条、言論の自由は完全に封じ込まれました。そして三八年には国家総動員法が施行されたのです。

その後どうなっていったか。周知のように日本は、あの無謀な太平洋戦争へと突き進んでいきました。どれだけ多くの尊い命が奪われたことでしょう。日本では三百万人、アジアでは二千万人以上もの人々が犠牲になったのです。戦争反対を言うことが命がけになる時代に決して再び戻してはいけないと、「十二年の手紙」を読みながら、その意思をいっそう強くしました。

「播州平野」への思い

私は鳥取県で生まれて育ちました。父は七歳、母は二歳のころに朝鮮半島から日本に渡ってきたといいます。私が生まれた一九五〇年は、朝鮮戦争が始まった年です。五三年までつづいた朝鮮戦争は、同じ民族が争い合うという壮絶な悲劇が繰り広げられました。朝鮮戦争によって、一千万人もの離散家族を生んだと言われています。その朝鮮戦争は、実際にはまだ終わっていません。いまなお休戦状態になったままなのです。

百合子が亡くなったのは朝鮮戦争の最中、一九五一年でした。朝鮮戦争が始まってからの歳月を、私は自分の年齢として積み重ねてきたことになります。一九一〇年、日本によって朝鮮半島が植民地とされ、一九四五年に解放されましたが、そのあと北緯三十八度線を境にして南北に分断されてしまいました。

そんな朝鮮への百合子の思いが、「播州平野」に描かれています。

顕治は最後は網走に収監されていたのですが、百合子がそのことを知ったのは一九四五年の六月半ば頃でした。そこで、百合子は少しでも網走に近い所で暮らそうと決心して、とりあえず弟一家が暮らしている福島県郡山市の開成山に滞在していました。そのときに戦争が終わったのです。

一刻も早く北海道に渡りたかった百合子でしたが、切符が手に入らず見通しが立たないでいました。そんな九月の初め、広島への原爆投下で顕治の弟が被爆して行方不明ということを知ります。

ともかく山口県の顕治の実家に駆けつけなければと、百合子は終戦直後の大変な混乱期、東北地方から顕治の故郷である山口県をめざしました。こういった話が、石田重吉とひろ子夫婦のこととして、「播州平野」にそっくり書かれているのです。

特に、一九四五年八月十五日、重吉のもとに行こうとしたひろ子が途中の福島で敗戦の報を伝えられた、そのときを描いた一節は印象的でした。

　そのときになってひろ子は、周囲の寂寞《せきばく》におどろいた。大気は八月の真昼の炎暑に燃え、耕地も山も無限の熱気につつまれている。が、村じゅうは、物音一つしなかった。寂《せき》として声なし。全身に、ひろ子はそれを感じた。八月十五日の正午から午後一時まで、日本じゅうが、森閑として声をのんでいる間に、歴史はその巨大な頁《ページ》を音なくめくったのであった。東北の小さい田舎町《いなかまち》までも、暑さとともに凝固させた深い沈黙は、これ迄ひろ子個人の生活にも苦しかったひどい歴史の悶絶《もんぜつ》の瞬間でなくて、何であったろう。ひろ子は、身内が顫《ふる》えるようになって来るのを制しかねた。

　戦争が終わったとき、私はまだ生まれていなかったので、戦後すぐの状況がどんなものであったのか、具体的にはわかりません。でもこの「播州平野」をとおして、まるでその場に自分もいるような臨場感を感じ、ドキュメンタリーを読むような迫力あふれる筆づかいによって、その当時のことを知ることができました。それにしても、「敗戦」を歴史の進歩として受けとめ、「巨大な頁を音なくめくった」と表現できた作家は、希有《けう》だったと思います。

この作品は戦後の国民生活の実相をとらえることで、戦争とは何であったかを、深く、鋭く描いています。たとえばひろ子が乗った列車のなかの混乱、そして廃墟となった周りの景色、戦争で傷つき心が荒廃した人々のありさま、そして夫や息子を戦地にとられて残された女性たちの感情など、そういったさまざまな現実や情景が手にとるように伝わってきます。

たとえば、ひろ子が列車で一緒になった片足の傷痍《しょうい》軍人が、もう立って子どもを抱いてやれないと嘆くのに対して、ひろ子はこう思うのです。

「愛情は変通自在なんですもの、本当にどうにだってなるんですもの」

愛するということにきまった形しかないものなら、重吉とひろ子は、どうやって十二年の間、夫婦のゆきかいを保って来られただろう。ひろ子はこの不幸な人の弱気を、うしろから押すようなこころもちでそう思った。（中略）戦争にひき出され不具にまでされた上、愛する確信さえ失うとしたら、人の一生として、きりこまざかれかたがひどすぎる。剛毅《ごうき》を。剛毅を。ひろ子は、それが湧き出ずる清水ならば手にすくって、その人の口から注ぎこみたいように感じた。

日本が戦争に負けたということは、三十六年間におよぶ植民地支配から朝鮮が解放されたということです。解放の喜びに沸《わ》く朝鮮の人々の様子が、この小説の中に何カ所も出てきます。

これは、ひろ子がぎゅうぎゅう詰めの列車に乗って、一路山口県に向かっているときの一コマです。

となりの車室も、電燈がついていず、外界が、ぼんやり白みかけて来ているので一層車内にこもる夜の暗さが濃く深く思える。しかし、その暑苦しい暗闇《くらやみ》の中はひどく賑《にぎ》やかであった。

愉快そうに入りまじった男や女の高声《こうせい》がしていて、どの声も喉音《こうおん》や吃音《きつおん》のまじった朝鮮の言葉でしゃべっている。一切の世帯道具をもって、今や独立しようとしている故郷の朝鮮へ引きあげてゆく人たちの群である。

こっちの車室は、一様にくたびれ、眠たく朦朧《もうろう》の中に陰気にしずまりかえっている。二輛《りょう》の車のつぎめに立っているひろ子に、そのちがいは、いかにもきわだって、体の両側から感じられた。朝鮮までの旅と云えば、まだまだ先が長い。気をせくことはいらない。そうにちがいないけれども、その暗闇のうちに充満している陽気さには、何とも言えないのびのび充実した生活の気分があった。

ひろ子は、そんな光景に強く心を惹《ひ》きつけられています。終戦を迎えた人たちの明暗がくっきりと分かれるなか、これから解放された朝鮮の故郷へと帰って行こうとしている私の同胞たちの喜びに、ひろ子も心を添わせているのが伝わってくるようです。

そしてこんな描写も、すぐ後に出てきます。

そのとき、隣の車室の薄ぐらい陽気な混雑の中から、少女の澄みとおった一つの声が、突然アリランの歌をうたい出した。

アリラーン
アリラーン
アリラーン　　越えてゆく……

メロディーをゆったりと、そのメロディーにつれて体のゆれているのも目に浮ぶような我を忘れてうちこんだ声の調子でうたい出した。それにかかわりなく男女の話声は沸騰《ふっとう》していて、間に年よりらしい咳《せき》や笑声が交る。

うたでしかあらわされない気持のいい、よろこびの心が、暗くて臭い車内から舞い立っているように少女はアリラーンをうたっている。ひろ子は、しんを傾けてその歌をきいた。


こういった場面では、私自身もアリランのメロディーが染み入って、心が弾《はず》むような気持ちになりました。

私にとって印象的な描写が、このあともつづきます。ひろ子は、山口の重吉の実家に滞在していたのですが、連日の雨で水害に見舞われ、山陽線、呉線、山陰線の開通の見込みが立たず、重吉の弟の調査に広島に行くこともできないでいました。

しかし、そんな折、治安維持法関係の思想犯だった重吉たちが釈放されると新聞に報じられました。十月十日までに解放される思想犯のなかに重吉の名が

宮本顕治と百合子（1948年）

あるのを知ったひろ子は、とにかく来た道を急ぎ逆もどりして東京へ帰ることにします。

ところが、まだ水害の被害があちこちに残っており、列車は姫路より先には行きません。ひろ子は列車を降り、豪雨の晩、破れ屋のような宿に泊まって、翌朝加古川《かこがわ》まで行く列車に乗ります。

加古川からは列車を降りて、トラックで明石《あかし》方面へと国道を進みました。しかし橋が落ちているところでトラックを降ろされてしまい、歩きながら、次のトラックを待たなければなりませんでした。

姫路を離れれば離れるほど、空は秋晴れになってゆきました。あてのない列をつくって、ひろ子がトラックを待っているとき、何台ものトラックが疾走《しっそう》してゆくのとすれ違います。ぎっしりと兵士たちが詰まっているトラックには、朝鮮の若者たちが乗っていました。それを目にした男が、「チェッ」と舌打ちし、「あいつら、みんな朝鮮人なんだぜ」と言うのですが、百合子はこう書いています。

朝鮮の若者たちは、戦争の間志願という名目で、軍務を強制された。志願しない若者の親たちは投獄されたりした。そういう話はひろ子もきいていた。今、彼等のトラックが、どうしてフール・スピードで駛《はし》らずにいられよう！　この秋晴れの日に。その故郷へ向う日本の道の上を。

その朝鮮の若者たちは、下関をめざしていたにちがいありません。故郷への船が下関から出ます。戦後、私の母も国に帰ろうと下関に向かったそうです。嵐で船が出航せず、結果的に日本に留まる道を選びました。そのおかげで母は父と出会い、私はこの世に生を受けることができました。

故郷をめざす朝鮮の若者たちと同じように、ひろ子こと百合子も、ひたすら重吉こと顕治のもとをめざしていきます。

こういう秋の午後、思いもかけない播州平野の国道を、荷馬車にのって、かたり、ことりと東へ向って道中する。重吉に向って、進んでゆく。ひろ子には、その時代おくれののろささえ快適に感じられた。

トラックには結局乗ることができず、ひろ子は荷馬車で「重吉に向って進んでゆく」のでした。顕治が本当に釈放されるだろうかと、百合子は胸をドキドキさせていたことでしょう。

「九ヒデ　タソチラヘカエルケンジ」（九日出たそちらへ帰る　顕治）。小樽駅で打ったという顕治の、その電報を百合子が受け取ったのは、東京の家（百合子の弟の家）に帰って来た顕治を迎えた後のことだったといいます。

十二年もの間、手紙だけでずっと会うことがかなわなかった顕治。その顕治に、百合子は会えるのです。荷馬車がゆっくり進んでいっても、そののろささえ快適に感じられるというところに、百合子の喜びが伝わってきます。

また、愛する人に会えるという喜びとともに、再び二人で手を携えて、これから大事なことをしっかりやり遂げていくのだという、そういう決意も込められているにちがいないでしょう。そしてそのあとには、こういう言葉がつづいています。


その荷馬車に荷物だけのせて、自分たちは国道を歩いて来る二人の若者があった。背広の上衣をぬいで腕にかけ、なれて来たら、口笛をふきながら歩いている。

二人とも元気な、歯の美しい若者同士である。ちょいちょい冗談を云い合って笑う。彼等の言葉は朝鮮の言葉であった。ひろ子が、この旅の往き来で見かけた朝鮮人たちは、すべて西へ西へ、海峡へ海峡へ、と動いていた。だがこの若者たちは、東へ向っている。


解放された朝鮮の人々の喜びや希望も、百合子の目をとおしていきいきと活写され、その姿が浮かんでくるようです。「播州平野」の文中で敗戦直後の日本の状況を描きながら、朝鮮の人々をとらえる百合子の視点と眼差しが、とても印象的でした。

過酷な時代を乗り越え、自由で平和な新しい社会を創造していこうとする百合子の感性と信念が、朝鮮の人々と響き合い、つながっているように感じられました。

尹東柱の詩

一昨年、中国の東北地方（旧満州）、延辺《えんぺん》朝鮮族自治州を訪ねました。そこは、尹東柱《ユンドンジュ》という詩人が生まれ育った地です。尹東柱は植民地下の一九一七年、この地の明東村《ミヨンドン》で生を受けました。教育者である叔父さんとお父さんのもとで成長した尹東柱は、京城（現在のソウル）の延禧《ヨンヒ》専門学校（現在の延世《ヨンセ》大学）で学んだあと、日本の立教大学を経て同志社大学に入ります。

しかし、一九四三年、朝鮮語で詩を書き、朝鮮の言葉と文化の復権を友人と語り合ったということが治安維持法にふれ、尹東柱は福岡の刑務所に収監されます。そして一九四五年二月十六日、生体実験をされたのではないかと言われていますが、八月十五日の解放を待たずして獄中で命を奪われました。二十七歳の若さでした。

尹東柱の書いた詩は、友人が土の下に埋めたことによって守られ、それを解放後、親戚の方が取り出したがために残りました。韓国人にとても愛され、大切にされている詩ですが、私の心にも深く刻まれている詩です。

尹東柱の故郷の村を訪れたとき、東の空にすばらしい満月が浮かんでいました。満月を見上げながら、その詩が自然と思い浮かんできました。伊吹郷《いぶきごう》さんの訳が広く知られているのですが、ここでは詩人の金時鐘《キムシジョン》さんの訳で、尹東柱の「序詩」という詩を紹介させてください。

死ぬ日まで　天を仰いで
一点の恥いることもないことを
葉あいに　おきる風にすら
私は　思いわずらった
星を歌う心で

すべての絶え入るものを　いとおしまねば
そして　私に与えられた道を
歩いていかねば。
今宵も星が　風にかすれて泣いている。

「死ぬ日まで天を仰いで一点の恥入ることもないことを」。人間は生きていくなかで、さまざまな恥を重ねます。私も、本当に恥の多い人生です。しかし、私自身、これだけは譲れないというものがあります。それはきっと、一人ひとりだれにでもあると思います。

自分にとって譲れないものを守り、貫いていくことが、「一点の恥入ることもないこと」なのではないでしょうか。

そして、「すべての絶え入るものを、星を歌う心で愛《いと》おしみ、自分に与えられた道を歩んでいかなければ」というところにも、深い共感を抱きます。宮本百合子や顕治の生き方と重なり、世界中で平和のためにたたかっている人たちの姿ともつながっているのを感じます。

私は、当時の苛烈《かれつ》で過酷な時代を知りません。しかし、私なりに想像することができます。私が大学に入学したのは一九六八年ですが、一九六〇年代から八〇年代にかけて韓国は厳しい軍事政権下にありました。民主化を求める学生や若者、市民たちは、反共法や国家保安法で投獄されました。それらは、日本で言うとあの治安維持法に匹敵《ひってき》する法律です。

私の大学の同窓生、そして私に百合子の作品を教えてくれた従姉の弟である従弟も、国家保安法にふれたとされ、無実の罪で獄につながれました。従弟は日本の高校を卒業し、ソウル大学に留学していたのです。

拷問で命を奪われた人がいます。今なお、その後遺症に苦しんでいる人も少なくありません。民主化を叫ぶことが命がけの時代が、韓国でもあったのです。その結実として、民主化を実現することができました。

従弟は六年間、獄にとらわれていました。私も状況によっては、韓国で獄につながれたかもしれません。私自身は実際にそうはならなかったのですが、あの時代、民主化運動をやったために獄中にあった人たちや、無実の罪で獄につながれた人たちと、つねに気持ちはともにあろうと思っていました。

以前、私は突然の大病をして危うく命を失いかけたことがあります。ありがたくも失うことなく、今日まで生きてこられました。私が生かされているのは、この地で、まだやるべき私なりの使命があるからではと、心の底から痛感しています。

「伸子」にも描かれていましたが、女性が自分自身を損《そこ》なわれることなく自立して生きるとはどういうことか、そういうことも百合子が私に教えてくれました。何度倒れても、何があっても起き上がって、私もまた、自分に与えられた道をしっかりと歩んでいきたいと思っています。

歌い継がれる「朝露」

決して二度と戦争を起こしてはいけません。この社会に、だれもが本当に望む平和を民主主義をと、強く願います。弱い人に手が差しのべられ、働く人が報われ、国境を越えてみんな仲良く手をつなぎ合える、そんな社会をつくるために一歩でも歩みを進めていきたいものです。

そういう意味で、私がいつも励まされている歌があります。「百合子の文学を語る集い」に友人の歌手、李政美《イヂヨンミ》さんも参加して、壇上で彼女と一緒にこの歌を歌いました。

金敏基《キムミンギ》が作詞・作曲した「朝露」（アチムイスル）という歌です。一九七四年につくられました。韓国全土で国歌よりも有名と言われるほど、多くの人たちに知られ、愛されている歌だそうです。

韓国の軍事政権下の民主化運動のなかで、学生や市民たちはこの歌を歌いながらたたかったといいます。一九七〇年代、八〇年代には集会やデモがあれば、必ず歌われていました。そのくらい、人々のたたかう力になり、勇気の源になったとされる歌です。

私は李政美さんの歌で初めて聴いたのですが、そのとき、心に深く響いて涙が止まりませんでした。それ以来、私を支えてくれる歌になりました。

李政美さんの訳詞ですが、言葉に込められた意味を感じとっていただけたらと思います。

長い夜をあかし　草葉に宿る
真珠より美しい朝露のように
心に悲しみが実るとき
朝の丘に登り　微笑みを学ぶ
太陽は墓地の上に赤く昇り

真昼の暑さは私の試練か
私は行く　荒れ果てた荒野へ
悲しみ振り捨て　私は行く
悲しみ振り捨て　私は行く

Ⅲ

十八年の愛に、希望をつなぐ

私に宮本百合子の作品をすすめてくれた従姉がいます。思えば、私は彼女から大きな影響を受けました。私にとって、まさに人生の道先案内人とも言える存在です。

その従姉は定時制の高校に通っていたのですが、そこで生涯の伴侶となる「運命の人」と出会い、十八年にわたる純愛を実らせて結ばれました。「十二年の手紙」の百合子と顕治のごとく、困難な状況を乗り越えて信頼と愛情を育み、社会と誠実に向き合いつづけてきたことに感銘を受けました。

従姉は、これまで一体どんな出会いを重ねて、どんな人生を歩んできたのでしょうか。私自身の興味が尽きないところです。彼女が語ってくれた話をもとに、その軌跡をたどってみたいと思います。

運命の人

時をさかのぼりましょう。従姉が、大阪市内の定時制高校三年生のときのことでした。

生徒会の役員をしていた従姉は、学校の生徒会室で開かれていた役員会に出席していたそうです。そこで発言していた彼女の目に、ドアを開けて入ってくる男性教師の姿が見えました。

それが、二人がはじめて出会った瞬間でした。

「ニコッと笑って私を見たのよ。私、この人のヨメになるって、そのとき思った。まつ毛が濃くてやさしい目をしていてね、あんなやさしい目を向けられたら……」

従姉だけでなく、その男性教師、浅井治先生も、そのとき運命的な出会いを感じたのだといいます。

浅井先生は生徒会の顧問を前任の教師から託され、はじめて役員会を訪れたのです。前任の教師が事前に従姉のことを、浅井先生にこう告げていました。

「生徒会の役員をしている、聡明で元気な朝鮮の女の子がいる」

活発に発言していた従姉が、その〝元気な朝鮮の女の子〟であることに、浅井先生はすぐ気づきました。だから「ニコッと笑った」のでしょう。

浅井先生は従姉より八歳上で、生物と化学を教えていました。彼女も、四年生（定時制高校は四年）のときに授業を受けていたそうです。

大阪市内には当時、定時制の高校が十校あり、各学校の生徒会の役員が集まる会議が定期的にもたれていました。従姉は、生徒会の顧問である浅井先生の引率で、その会議にも出席することになりました。

従姉と浅井先生は、ともに行動する機会が増え、話す内容も多岐に広がっていきました。高校に入学したときから、「朝鮮のために活動しよう」と思っていたという彼女に、浅井先生はマルクスの唯物論を教えてくれたそうです。

従姉が新聞「赤旗」の購読をはじめたのは、高校三年生からでした。以前からの知人がアルバイト先に訪ねて来て、すすめてくれたのだそうです。従姉は「赤旗」を、「隅から隅まで読んだ」といいます。

貧乏で育ったから、「みんなが平等で幸せに暮らす」という社会を願っていた従姉にとって、「赤旗」から吸収するものは、きっと限りなく多かったことでしょう。

共産党に共鳴し、理解を深めていった従姉は、愛称が〝デコちゃん〟という同級生に、自分が朝鮮人であることや、自らの人生観、世界観を語ったのだそうです。

そんな従姉から影響を受けたことを、その同級生のデコちゃんはこんな言葉で言い表しています。「朝鮮の友だちが入党の機会を作ってくれた」。後に彼女は、大阪市東区（現在は中央区）の共産党市議になったのでした。

従姉が浅井先生への気持ちを、「私は先生が好き」と打ち明けたのも、デコちゃんだったといいます。浅井先生は従姉にとって初恋の人であり、また浅井先生にとっても、彼女は初恋の女性だったのです。

二人のはじめてのデートは、従姉が高校四年生のときでした。ある土曜日の午後、喫茶店で浅井先生と話していたそうです。すると、「明日の日曜日、行くか？」とだけ聞かれ、京都の仁和寺《にんなじ》でのデートが実現しました。

高校を卒業して従姉が大学生になっても、お互いを生涯の伴侶とする気持ちは、まったく変わりませんでした。浅井先生が教職員組合の専従となって活動する一方、彼女は大学を卒業すると、希望をかなえて大阪の朝鮮高校の日本語教師となりました。

それぞれの場所で、やりがいをもって仕事に励んでいたのですが、結婚までの道のりは容易ではありませんでした。朝鮮高校の教師をしながら日本人と結婚することは、その立場上、とても許されることではなかったのです。

そんな状況下にあっても従姉の気持ちが揺らぐことはなく、それは浅井先生も同じでした。どんな日本人女性を紹介されても、「彼女の魅力には勝てない」と一蹴《いっしゅう》したといいます。

「自分が困難なときや、苦労したときに助けられた。行動に移して自分を守ってくれた」と、従姉に支えられたことを話す浅井先生ですが、彼女も同じく次のように語ります。

「友だち兼恋人、そして同志として、すごい絆で結ばれている。納得できないことは最後まで議論して、納得させるようにしたしね。正義感が強くて、彼が共産党というのも私にはよかった」

「結婚ができないのなら、このまま一生独身でいよう」とさえ思っていたという二人でしたが、天職にしていた教師を、心ならずも従姉が辞めることになってしまいました。

朝鮮高校の上部団体で起きた、激しい権力争い。そんな暴風の直撃を、関係のない従姉が受けたのです。やり場のない苦しさだったといいます。

また当時、本国（北朝鮮）の体制の変化が教育現場にまで及び、従姉にはどうしても対応できないところがあったそうです。それも彼女には耐えがたく、大変つらい状況でした。

その二年前の一九七五年、韓国のソウル大学に留学していた従姉の弟（私の従弟）が、軍事独裁政権によって逮捕され、獄につながれていました。彼女が朝鮮高校の教師をつづけると、弟への圧力が増す恐れもあったのです。

「辞めます」。学校にそう告げたのは、春休みの前でした。生徒たちに慕われていた従姉のもとには、「辞めないで」という生徒たちからの電話が寄せられ、胸が痛んだといいます。

その後、従姉は休息も兼ねて、東京の私の住まいにしばらく滞在していました。この年一九七七年は、中国からパンダが日本に来た年で、上野動物園が人波であふれていたのを思い出します。

そんな三月に、浅井先生が従姉を訪ねて上京してきました。二人は一緒にパ

金弘子・浅井治夫婦

ンダを見に行ったそうです。そこで、従姉は浅井先生から「結婚しよう」と、プロポーズを受けたのでした。
そして同年五月末、日朝協会の会長と友人を立会人にして、本屋さんの二階のレストランで、ささやかな結婚式が行われたのです。
生徒会室で初めて二人が出会ったときから、少なからぬ歳月が流れていました。浅井先生と目が合ったとき、「私、この人のヨメになる」と瞬時に思ったという従姉の確信（願望）が、ついに現実となりました。

従姉が三十四歳、浅井先生は四十二歳でした。十八年にわたる純愛が実を結んだと言えるでしょう。「ひたむきに好きだった」とは彼女の言葉です。結婚して一年後、長男が誕生しました。

お互いに同じ方向を見つめ、強く深い絆で結ばれている二人ですが、それぞれ異なる生い立ちを生きてきました。

私も詳しくは知らなかった従姉が経てきた道のりを、まず振り返ってみたいと思います。

従姉・金弘子の物語

従姉、金弘子《キムホンジャ》は、一九四三年、大阪市生野区猪飼野《いかいの》（現在の地名は鶴橋）で、四男三女の七人きょうだいの二女として生まれました。従姉のお父さん（私にとって伯父）の妹が私の母です。

長男である伯父と末っ子の母では、二十歳以上の年齢差があります。植民地支配下の朝鮮半島南部から若き日の伯父が日本に渡って、ガラス製造の事業に成功したそうです。そんな伯父を頼って、祖父母や幼い母も故郷を離れたのでした。

伯父の事業が順調なときには、故郷の村に学校や橋などを寄贈したこともあったそうですが、事業の破綻で一転、伯父一家は日常生活にも事欠くようになったといいます。

一九四五年、日本の敗戦とともに朝鮮半島は植民地支配から解放され、祖国をめざす朝鮮人たちで日本の各港はあふれかえりました。

第一章にも書きましたが、母方の祖父母や伯父一家、二十代になった私の母も含めた親族は下関に滞在し、帰国の機会を待っていたそうです。しかし、乗船を予定していた船が台風で出航することができず、その後は船の手配が困難を極め、結局、日本に留まる道を選んだのでした。

それによって、従姉が日本で生まれることになったわけですが、私自身とも重なります。戦後、日本全体が貧しい時代でした。従姉を取り巻く家庭環境も、貧困の真っ只中にありました。

「自分の名前を、地面にクギで書いて練習をした」という従姉は、一カ月遅れで小学校に入学しました。朝鮮の解放直後だったため、その淀川小学校は朝鮮の子どもが多かったそうです。

文字をおぼえるのが楽しかったのか、すぐ新聞を読めるようになったといいます。従姉がいまもつねに新聞を手にしているのは、この小学生のときが原点なのでしょう。

ところが、まもなく従姉は学校に通えなくなります。四年生の二学期でした。家賃が払えず、伯父一家は住んでいた家を離れざるを得ませんでした。

荷物をリヤカーに積んで運び、大阪市内で旅館暮らしをしたそうです。学校に行くこともできないまま、従姉は祖母とともに、クギ拾いをしてお金に替える日々を送っていました。

私の母は鳥取の大家族に嫁ぎ、やはり厳しい生活を送っている最中で、私も生まれていました。気持ちはあっても、実家の窮状に手を差しのべる状況にはありませんでした。

しばらくして伯父一家は、城東区鴫野《しぎの》の線路の高架下に借家を見つけて、そこへ引っ越しました。そして従姉は城東小学校の五年生として、再び学校に通えるようになりました。

しかし、「給食費が払えず、先生からひどい差別を受けた」といいます。貧困家庭で朝鮮人であることが差別の理由でした。この体験が「将来は教師になろう」と、従姉に決意させたそうです。

「本がつらさを救ってくれた。岩波文庫とかを図書室で読んで、本をとおして広い世界を知ることができたんだよね」

中学生になった従姉は、一年生のときに、一転、恩師とも言える先生と出会いました。国語の西村和恵先生です。放課後四十五分間は、毎日、読書日記を書くよう指導されたといいます。

　また、生徒会新聞の論説文を先生にすすめられて執筆したり、弁論部に入って校内弁論大会で優勝したりと、従姉はもてる力を存分に発揮するようになりました。

　大阪市内の中学校が集まって開かれた弁論大会でも優勝し、賞品として置き時計をもらったそうです。しかし、そんな従姉が自分を省みるきっかけになった弁論大会が、中学二年生のときにありました。

　大学主催の弁論大会でした。やはり、大阪市内の各学校の中学生たちが参加していました。従姉より前に壇上に立ったのは、朝鮮学校である西今里中学校の朴洋子《パクヤンジャ》という生徒でした。当時、大阪市内には公立の朝鮮学校が一校あったのです。

　朴洋子さんの弁論は「国語常用」という演題で、「自分は朝鮮人として、朝鮮語を日常で使いたい」という内容の話でした。それを席で聴いていた従姉は、強い衝撃を受けたといいます。

従姉は中学生になって、名前を、金弘子から通称名の三原弘子に変えていました。「小学校のときに受けた差別が嫌だったから」という理由でした。そんな彼女の目に、朝鮮人として堂々と生きて発言している同世代の姿は、どれほどまぶしく映ったことでしょう。

「私は何をしているんだろうって、自分が言っていることに虚しさを感じた。日本人のように生きている私は、偽《いつわ》りを話しているみたいな気がして」

朴洋子さんの次が従姉の順番でした。演壇に上がったものの、準備していた弁論はまったくできなかったといいます。従姉が受けた衝撃と動揺の大きさが、うかがい知れるようです。

帰途、引率の先生がお好み焼きの店に連れて行ってくれました。先生は従姉に対して、「ふれてはいけないような感じで、話しかけなかった」といいます。どう対応していいのか、その先生もわからなかったのかもしれません。

自分を見失ってしまったかのような従姉。その足元を、このあと本の力で照らしてくれたのは、担任でもあった国語の西村先生でした。

作家の金達寿《キムダルス》の小説『玄界灘《げんかいなだ》』という本を、従姉に手渡してくれたのです。そこには、在日朝鮮人の歴史が描かれていました。

「朝鮮人部落で育ったのに、それまで私は在日の歴史を知らなかったのね。その本を読んで、なぜ日本に朝鮮人がいるのか、それがよくわかった。朝鮮人として生きよう、そして将来、朝鮮のために自分ができることをしよう、道が決まった、私が進む道は『これだ』と思ったの」

従姉の人生において、一冊の本との出合いが、前へと歩んで行く方向を確かなものにしてくれたと言っても過言ではないでしょう。

勉強にも身が入りました。英語、国語、社会の成績は百点をとりつづけ、「先生の代わりに授業をしたこともある」というほど、がんばったそうです。

しかし、高校への進学にあたっては困難な問題が山積みでした。

家庭の経済事情は、従姉の進学を後押しする余裕がなかったのです。小学生のころから家で内職をしていたという彼女ですが、自分のために使えるお金は手元になく、進学は諦めるようにと家族からも告げられていました。

男子を優先する朝鮮の儒教社会では、女子に学問は必要ないという風潮があり、伯父の家も然《しか》りでした。それでも、どうしても勉学をつづけたい従姉は、働きながら高校に通える定時制高校の存在を知りました。

「それなら、自分の力で高校に行ける」と、希望の光が見えたような気がしたそうです。入学試験の日、試験会場までの交通費もなくて困ったそうですが、なんとか工面して無事、大阪市立東第二高校の生徒になったのでした。

昼間は働き、夕方から高校で学びました。一年生と二年生のときは、繊維問屋で事務の仕事をしたといいます。

しかし、その職場では朝鮮人ということで差別され、それがとても耐えがたくて辞めたのでした。辞めるとき、従姉は自分の気持ちを伝えたいと、便せん十数枚の手紙に書き残してきたのだそうです。

そのあと、三年生、四年生で働いたところは、やはり繊維関係の新聞を発行している雑誌社でした。高校があった地域には、繊維関連のお店や会社が多く集まっていました。

従姉の仕事はお茶くみや電話番などの簡単な雑用でしたが、そこの所長に大事にされ、「暇なときは勉強しなさい」と励まされたそうです。

従姉は差別を受けても、一方で、応援してくれる人たちとの出会いを、つねに積み重ねてきたように思えます。

何よりも、高校三年生のときに浅井先生と出会えたことは、従姉の人生にとって、いちばんの応援になったことでしょう。

授業料や定期代などを働いて払いながら、従姉の高校生活は充実したものでした。浅井先生を知った生徒会活動をはじめ、弁論部では中学生時代につづけて活躍しました。その成果が、従姉に大学への道を開いてくれたのです。

大阪市の定時制高校十校による雄弁大会が、歴史のある中之島中央公会堂で開催されました。そこでも優勝するなど、「出る大会はすべて優勝した」というほど活躍していた従姉が、わずか0・2という点差で二位になった大会がありました。

立命館大学が主催した「全国高校生雄弁会」で、従姉は「民主社会における学生の本分」と題した弁論をしたそうです。結果は残念ながら優勝を逃しましたが、立命館大学の当時の武藤守一先生（のちに総長）から、「君は立命に来るべきだ、来てほしい」と声をかけられたといいます。

「朝鮮のために自分ができることをしたい」。中学生のときに心に抱いた従姉の思いが、その先生の言葉によっていっそうふくらんでいきました。「大学まで行って、朝鮮人として活動しよう」と、彼女は決意を固めたのでした。

その時代、立命館大学は私立大学でいちばん学費が安かったのです。一カ月、三千円ずつのローンにすれば支払っていけそうでした。立命館大学の文学部を受験した従姉は、一九六二年、晴れて大学生となりました。

入学と同時に、学内の「朝鮮文化研究会」の部室のドアを叩《たた》いたそうです。日本の大学に通う在日の学生組織にも加入し、大学の四年間を、従姉がめざしてきた活動に全力をそそいだのでした。

入学金や学費、定期代その他は、缶詰工場の箱詰めや食品の店頭販売など、さまざまなアルバイトでお金を作り、学業とも両立させて、従姉は大学を卒業しました。

従姉が大学生だったころ、私は中学生や高校生でした。彼女は時間を見つけては、よく鳥取の私の家に遊びに来ていました。宮本百合子の『貧しき人々の群』もその中の一冊ですが、何冊もの本を私に手渡して、いろいろな話をしてくれたのです。

「どう生きていけばいいのか」と思い悩む年ごろの私にとって、従姉はまさに道標になってくれたように思えます。歴史を学ぶ大切さ、そして何より朝鮮人

（韓国人）として生きる道筋を教えてくれたのでした。

従姉が大学を卒業して大阪の朝鮮学校の教師になってからも、折にふれて私の将来について語りかけてくれました。私が大学の進路を決めるとき、彼女からの助言は大きかったのです。

だれもが平等で平和に生きる社会をめざしながら、分断された朝鮮半島が一つになって人々が幸せになるために、朝鮮人の一人として少しでも自分ができることをやっていきたいと思いました。

大学に入るとすぐに、従姉と同じように「朝鮮文化研究会」のドアを叩き、私の学生生活をスタートさせたのでした。

時代は、七〇年安保を前に、日本の各地で学生運動が激しさを増していました。韓国でも朴正熙《パクチヨンヒ》軍事独裁政権に抗して、民主化を求める運動がソウルを中心にして広がっていました。

そんな情勢のなか、韓国へ留学していた従姉の二番目の弟、私にとっては従弟が韓国の治安機関である韓国中央情報部（ＫＣＩＡ）にとらわれるという、思いもよらない事態に襲われました。

そのときは従弟だけでなく、同じように留学した他の多くの在日学生も、とらわれの身となりました。そこには一体、何があったのでしょう。なぜ、そんなことが起きたのでしょうか。その背景と理由を探ってみたいと思います。

「11・22事件」

一九六三年、軍事クーデターによって政権を握った朴正煕大統領は、「反共法」「国家保安法」を盾《たて》に、非常に強圧的な独裁政治を行います。

一九七〇年代に入り、七一年の大統領選挙で、野党の大統領候補金大中《キムデジュン》氏がわずかな票差まで迫りました。選挙の不正がなければ、金大中氏が勝っていたかもしれないと言われています。朴政権の危機感は高まったことでしょう。

ソウル大学に留学するため、従弟が渡韓したのは一九七〇年でした。一九六五年に結ばれた日韓協定によって、朴政権は在日の学生たちの母国留学を奨励したといいます。

従姉が弟から留学の話をはじめて告げられたのは、二人で散歩した夜明けの運河のほとりでした。驚いて、すぐさま反対したそうです。

反共を掲げている韓国で、朝鮮高校の教師を姉にもつ弟が、当局に目を付けられないかと案じたからでした。それに対して従弟は、「大丈夫、領事館で問題がないと言われたから」と心配する従姉を安心させました。

しかし、従弟が留学した翌年の一九七一年、ソウル大の大学院に留学していた徐勝《ソスン》さん兄弟が、国家保安法容疑で韓国中央情報部に逮捕される事件が起きます。過酷な取り調べに自殺を図《はか》ったとされる徐さんの、顔に大火傷を負った姿が報道され、あまりの衝撃に言葉を失ったことを思い出します。

韓国の民主化にとっては厳しい冬の時代でした。一九七二年には戒厳令《かいげんれい》が敷かれ、大統領の独裁体制が進みました。野党指導者の金大中氏が、韓国中央情報部によって日本から拉致《らち》された事件は一九七三年のことでした。

一九七四年には大学生の抵抗運動が大きく弾圧され、「民青学連事件」として多くの逮捕者を生みました。死刑判決が下されるほどの厳しい内容で、北朝鮮との関わりを問われた八名が死刑執行されたといいます。

年代順にたどってきましたが、一九七五年十一月二十二日、「学園浸透スパイ団事件」がソウルの治安機関で発表されました。「11・22事件」として知られるこの事件で、従弟の金鐘太《キムジョンテ》が逮捕されたのです。

学究肌で温厚な性格の従弟は、大学に政治の嵐が吹き荒れている最中にあっても、母国の良き友人たちに囲まれて勉学に励んでいました。

そんな従弟の逮捕とあり得ない罪名は、伯父一家や私たち親族にとって、本当に青天《せいてん》の霹靂《へきれき》でした。

従姉がこの事実を知ったのは、修学旅行を引率して関東地方をめぐっているときだったそうです。当時は携帯電話がなく、家族はすぐに伝える方法も余裕もなかったのでしょう。夕刊の紙面を目にして、弟の逮捕を知りました。

従姉は夕刊を手にしたまま、ホームに崩れ落ちそうだったといいます。富士五湖を訪れたあと、生徒たちと静岡駅で新幹線を待っていたところでした。

「11・22事件」では在日留学生十二人と国内学生九人、加えて十二月には、在日留学生十七人が獄につながれました。従弟の罪状は「民青学連事件の首謀者たちへの工作活動をした」というもので、なんと無期求刑となったのです。

罪状について従弟は、「実際には、首謀者の一人である李哲《イチヨル》氏との何でもない対話を無理矢理思い出させて、私が扇動したと取って付けたに過ぎない」と振り返っています。

「無理矢理思い出させて」というところに、取り調べがどんなものだったかを想像するばかりです。軍事独裁政権下の当時、治安機関では拷問が当たり前のように行われていたのです。

実際、釈放されて日本に戻ってきた在日留学生の元〝政治犯〟の中には、現在もなお拷問の後遺症を抱えている人も少なくありません。

それにしても従弟への量刑の重さに驚かされますが、後に伯父が釈放の嘆願に赴《おもむ》いた際、韓国の治安機関の担当者に言われたのは、次のような言葉だったといいます。

「たとえ罪に問われることをしていなくても、名前が挙《あ》がってしまった以上、刑に服するしかない」

かなり大雑把《おおざっぱ》で意図的な逮捕のように思えます。他の在日留学生たちも死刑を含めて、それぞれ重刑を科されました。しかし、現実的に留学生たちが治安当局が発表したようなスパイ活動をしたようには、とても思えません。

そこにはどんな思惑があったのでしょうか。はっきりと言えることは、〝在日〟であることが政治的な目的で利用されたということです。

一九七〇年代から、独裁政治に反対する民主化運動が、韓国国内で大きく力を増していきました。治安機関はその運動を押さえ込むため、商用や学業などで母国へ来た在日韓国人のスパイ事件を、頻繁にでっち上げてきたのでした。

民主化運動をスパイ事件と結びつけ、北朝鮮の指示を受けた反国家活動とすることによって、弾圧の口実にしました。そして、国内に緊張状況を作り出したのです。

「11・22事件」も、朴正熙政権のいっそうの弾圧的な体制に反対するデモが、各大学で大きくなっていたときに引き起こされたものでした。

身に覚えのないスパイ容疑で重罪になった従弟の家族は、従姉もそうですが、どれほど驚き、また心を痛めたことでしょうか。それは、従弟の叔母である私の母をはじめ、私たちもみんな同じでした。

パスポートを持っている伯父と長女は、毎月のように韓国に足を運びました。従弟の裁判対策や面会、差し入れなどを行うためです。

他の家族は、二男が中心となって、日本で救援運動を繰り広げていきました。在日韓国人の政治犯を支援する「救援会」がまたたく間に全国で生まれ、統一された救援組織も誕生しました。多くの日本人市民が、「自分たちの仲間を救おう」と声をあげたのです。

一九八一年、「八・一五特赦」によって、従弟は六年間の獄中生活から解放されました。そして八〇年代の末に韓国が民主化されると、死刑囚たちも釈放されて、とらわれていた全員が日本へ帰ってくることができたのでした。

日本社会の市民運動が、大きな役割を果たしたと言えるでしょう。韓国でも民主化を求める運動が結実し、軍事政権を終わらせることができました。人々が自らの手で体制を変え、新たな歴史を切り開いたのです。

「民青学連事件」の首謀者とされた、前述の李哲氏は、その後国会議員になったといいます。文民政権になった韓国では、過去の事件の見直しが行われ、国家による被害の認定と合わせて、正式な謝罪と補償が実行されることになりました。

二〇一〇年、従弟はソウル地裁へ再審請求をし、二〇一三年の七月二十六日、韓国最高裁で無罪が確定したのでした。従弟は実に三十六年ぶりに汚名を晴らすことができたのです。

再審の地裁で無罪の判決を伝えた裁判長が、従弟への判決文を読み上げたそうですが、末尾はこう締めくくられていました。

「それ故に、本件のような事件が再び起こらないようにすることこそが、青春と貴重な夢を失った三十余年前、一人の在日同胞青年の犠牲に対して祖国ができる唯ひとつの報いであると言えます」

従弟は現在、音楽の道に進んだ息子の父親として、良き夫として、仕事に励む社会人として、日々を穏やかに過ごしています。従弟の事件を少し長く追ってしまいましたが、従姉に話を戻しましょう。

表立って大きな救援活動ができない従姉の傍《かたわ》らで、浅井先生は学校や組合の仲間、友人たちを動かし、従弟のために力を尽くしてくれたといいます。つねに従姉を励まし、しっかりと支えてくれたのでした。

弟の身を案じるばかりの従姉にとって、浅井先生の存在はどれほど心強かったことでしょう。困難なときほど絆が深まり、お互いの大切さをよりいっそう実感できます。

十七歳の初対面のときから従姉が心を奪われ、ともに寄り添ってきた浅井先生ですが、一体どんな人生を歩んでこられたのでしょうか。その略歴をたどってみたいと思います。

浅井先生の生涯

浅井先生こと浅井治さん（以下浅井さん）は、一九三五年、大阪市阿倍野区で姉二人、兄二人の五人きょうだいの三男として誕生しました。

浅井さんが幼いころ、一家は戦争の空襲から逃れるために、大阪から長野県の高遠村に疎開しました。その地はお父さんの郷里で、不在地主だったこともあり、戦後は貧しい生活を余儀なくされたそうです。

長男のお兄さんは、十四歳のときに病気で他界しました。お母さんも浅井さんが中学生だった秋に、この世を去ったといいます。栄養失調が原因でした。お母さんの死を、浅井さんは運動会の最中に学校で知ったそうです。それからは運動会の時期になると、そのときの光景がよみがえってくるといいます。

柔道界の草創期に関わり、名誉十段だったというお父さんは、戦前は旧制高校で柔道の指導をしていました。戦後になってからは、関西の各大学の柔道部で教えていたそうです。

そんなお父さんの「無欲で筋を通すところ」に、浅井さんは似ていると従姉は話します。浅井さんが高校二年生のとき、一家は大阪へと戻ってきました。

そして、受験に合格した浅井さんは、新潟大学の生物学科に入学しました。大学卒業後は高校の教師となり、そこで前述のごとく、従姉との運命的な出会いを果たしたのでした。

浅井さんは教師になると同時に、大阪市立高等学校教職員組合（以下、市高教）に加入します。そのあと、「先輩に誘われて、共産党に入党した」のだといいます。

お父さんとお姉さん二人は共産党には反対していたそうですが、二男のお兄さんだけは、「世界四大思想の一つだ。何ら臆《おく》することはない、堂々とやればいい」と応援してくれました。

浅井さんの良き理解者だったお兄さんでしたが、旧制中学のときにかかった結核が再発してしまいました。十年間にわたった闘病の末、六十代で亡くなられたといいます。

従姉にとっては、浅井さんが共産党員なのは得がたいことであり、それゆえ深い信頼感を寄せてきました。子どものころのこんな記憶があるそうです。

「小学校の低学年のとき、淀川のほとりで川上貫一《かわかみかんいち》（注・戦後の日本共産党国会議員）の演説を聴いたの。どうして家が貧しいのかと思っていたから、貧乏人をなくして幸せにするという共産党がいいなと思った」

近所に住んでいた女性を指して、周りの人が「赤」と噂していたのも忘れられません。「あの、きれいなお姉さんが、『赤』って言われるのは何でだろうかと、子ども心に疑問だった」と従姉は振り返ります。

戦前だけでなく、戦後も「赤」という言葉で、否定的なレッテルを人に貼っていた時代がつづいていたことがうかがわれるようです。韓国でも反共が特に強かった時代は、「赤」と名指しされることが一番の恐怖でした。

浅井さんに話を戻します。従姉と結婚したとき、浅井さんは市高教の書記長をしていました。そのあとも組合活動に全力を傾け、五十代では委員長となって市高教を率《ひき》いていたといいます。

定年を迎えて退職後は、市高教退職者会の会長として、活動をつづけていきました。何より力を入れたのは機関紙の発行でした。それは、浅井さんが病を発症してからも、決して手を抜くことはありませんでした。

二〇一二年、浅井さんの肺にがんが見つかったのです。小細胞がんと診断され、抗がん剤治療を受けながら、入退院を繰り返す日々が始まりました。どんなに体力がなくなっても気力は衰えず、機関紙「市高退教通信」の執筆、編集に渾身《こんしん》の力をそそいでいました。

病院にお見舞いに伺うと、現在の日本の政治状況や大阪市政の現状について、熱を込めて語られる姿に、いつもこちらが元気をもらうようでした。組合や退職会の仲間の人たちも、お見舞いに訪れていました。その人たちに、普段しない家族の話を、浅井さんが珍しく語っていたそうです。

その内容は、暑い中、遠い道のりを毎日病院へ通ってきてくれる妻への感謝と、東京から帰ってきてくれた息子を愛おしく思う心情だったといいます。さほど丈夫でない従姉ですが、頼れる息子と一緒に夫である浅井さんの看病に力を尽くし、それまでと同じように、いつも傍らに寄り添っていました。

そんな二人に見守られながら、二〇一四年十月七日、教育と平和、民主主義のために邁進《まいしん》しつづけてきた浅井治さんが、その生涯を閉じました。享年七十八歳でした。

六月に開かれた市高教退職者会の大会を見届け、機関紙は後継者に引き継ぐことができました。安堵《あんど》されたそうです。浅井さんにとって、仕事をやり終えた感があったことでしょう。

友人や仲間のみなさんが、浅井さんを偲んで各機関紙に追悼文を寄せています。浅井さんの責任感の強さ、泰然自若《たいぜんじじゃく》とした冷静沈着さ、理論と強いリーダーシップ、筋を通す毅然《きぜん》とした態度、軸のぶれない信念……など、それぞれが心に抱いていた浅井さんの姿が追悼文から伝わってきました。

その中に、浅井さんのことを、「許せないものに対しては一徹に憤り、愛すべきものたちにはひたすら温かく恕《じょ》す（思いやる）」とつづっている追悼文がありました。その浅井さんの人となりが、従姉ともまったく重なります。これぞ、二人の共通するものなのでしょう。

浅井さんが旅立ったあと、朝晩ご飯を仏壇に供《そな》えているという従姉は、「淋しくて、ことあるごとに思い出す」といいます。従姉と飲食をともにしたり、宿泊したりするときなど、浅井さんの写真を必ず立てている従姉は、いまもずっと一緒に過ごしているのかもしれません。

「一度も嫌になったことがないし、飽きることがなかった。二人がつき合った十八年と結婚してからの三十六年、五十四年間、浅井治という人がひたむきに好きだった」

お互いが「唯一無二の存在」だったという従姉と浅井さん。貫かれた二人の十八年の愛と、そのひとすじの生き方は、人間への信頼感とともに勇気と力を与えてくれました。

従姉、金弘子と浅井治さんに伝えたいです。「あなたが希望です」と。

あとがき

二年ほど前、上演されていた舞台を観ていて、物語の中に出てきたせりふに共鳴しました。井上ひさし作の「組曲虐殺」というお芝居でした。本文中の二章でもふれた小林多喜二が主人公として描かれており、ある場面で、多喜二がこんなせりふ（言葉）を語っていました。

「絶望するには、いい人が多すぎる。希望を持つには、悪いやつが多すぎる」

日本の政治状況や社会の現状に絶望しそうになっても、私が出会った心ある人たちの存在が支えてくれます。確かに絶望するには、いい人が多すぎます。

一方、さまざまな悪しきことが正される、よりよい世の中への希望を持とうとしても、それを踏み潰そうとする心ない輩《やから》の存在が目についてなりません。希望を持つには、ほんとに悪いやつが多すぎます。

希望と絶望の間を揺れ動いてしまいますが、このせりふのあと、多喜二は、こうつづけて語るのです。深く共感し、胸に刻み込まれました。

「なにか綱のようなものを担《かつ》いで、絶望から希望へ橋渡しをする人がないものだろうか。……いや、いないことはない」

「愛の綱を肩に、希望めざして走る人よ……あとにつづくものを信じて走れ」

綱は人から人へとつながっていき、人と人をつないでいくでしょう。いま、この日本の各地で無数の心ある人たちが、許せない非道なことに対して声をあげています。それはまるで一人ひとりが綱をつなげて、絶望から希望へと橋渡しをしているようです。

許せない非道なこととは何でしょう。憲法を守るべき政治家がその憲法を勝手に変えて、戦争をする国にしようとしています。アメリカが引き起こす戦争に、若い人の大切な命を投げ出させるわけにはいきません。

沖縄の人たちの民意を踏みにじって、辺野古《へのこ》にアメリカ軍基地を新しく作ろうとしていますが、そんな理不尽な暴挙をともに止めたいです。

福島の原発事故の被災者を切り捨てて、問題だらけの危険な原発を再稼働させている現実は、とても耐えがたく恐ろしいことです。戦争も原発も、大企業のお金儲けのために命を犠牲にさせられます。決して許してはいけません。労働者派遣法の改悪や、医療・福祉の切り下げなどによって、格差社会がいっそう広がり、弱い立場の人たちの日々の生活が困難になっています。一体、だれのための政治なのでしょう。

絶望の中から生まれるのが希望です。平和と民主主義、安全な暮らしを脅かす政治に対して、子どもや学生、働く若い人たち、お母さんやお父さん、女性たちや男性たちがデモや集まりに参加し、またツイッターやフェイスブックなどをとおして、自らの意思を言葉と行動で示しはじめました。

「希望を求めて走る人」と、その人たちが重なります。「あとにつづくものを信じて走れ」のごとく、私たちのあとにつづく人たちへつなげるために、私自身も希望を求めて走っていきたいです。

この本は、私にとって二十年ぶりの書き下ろしになります。戦後五十年の節目に出版した『私の好きな松本さん』以来です。その本では、戦時下にあっても良心を貫いた人たちを紹介しました。平和への思いを強く込めた本です。

奇《く》しくも戦後七十年のこの年に、同じ思いの新刊をまとめることができました。この間、日本は戦争で人を殺したり殺されたりしませんでした。憲法九条があったからでしょう。日本だけでなく、世界にとっても「憲法九条が希望です」と、声を大にして言いたいです。

おかげさまで本が誕生しました。お力をいただいた方たちに深く感謝いたします。長くお待たせした編集者の久野通広さん、お世話をおかけしました。何よりも、この本を読んでくださった皆さん、本当にありがとうございました。この言葉を、心をこめて最後に伝えさせてくださいね。「あなたが希望です」。

二〇一五年十一月

朴　慶南

朴　慶南（パク・キョンナム）

1950年鳥取県生まれの在日韓国人二世。立命館大学文学部史学科卒業。命（人権）が大切にされる社会をめざし、日本と朝鮮半島の架け橋に、そして世界中から戦争がなくなるようにという願いを原動力に、作家として執筆、講演活動を広く行っている。
著書に『ポッカリ月が出ましたら』『私の好きな松本さん』（三五館）、『命さえ忘れなきゃ』『私以上でもなく、私以下でもない私』『サラムとサラン』（岩波書店）、『やさしさという強さ』（毎日新聞社）、『私たちは幸せになるために生まれてきた』（光文社知恵の森文庫）など。

あなたが希望《きぼう》です

2015年11月25日　初　版

著　者　朴　慶　南
発行者　田　所　稔

郵便番号　151-0051　東京都渋谷区千駄ヶ谷4-25-6
発行所　株式会社　新日本出版社
電話　03（3423）8402（営業）
03（3423）9323（編集）
info@shinnihon-net.co.jp
www.shinnihon-net.co.jp
振替番号　00130-0-13681
印刷　亨有堂印刷所　　製本　小泉製本

落丁・乱丁がありましたらおとりかえいたします。

ISBN978-4-406-05947-3　C0095 Printed in Japan